메타언어 시리즈 자연편

초판 1쇄 발행 2023년 9월 15일

지은이	오혜미, 신현화, 장재진	**주소**	세종특별자치시 갈매로 353, B1007호(에비뉴힐 A동 지하 1층)
그린이	이기재	**전화**	044)862-1365
편 집	김은예	**팩스**	044)866-1360
펴낸이	박요한	**출판등록**	제569-2019-000011호
펴낸곳	도서출판 봄비와씨앗	**ISBN**	979-11-91642-56-8

* 이 책은 저작권법에 따라 보호받는 저작물이므로 무단 전재와 복제를 금합니다.
* 잘못된 책은 구입처에서 바꿔 드립니다.
* 책값은 뒤표지에 있습니다.

생각 쑥쑥 관용어
자연편

저자 서문

지난해 관용어와 관련된 첫 번째 책을 마무리하고 가장 많이 들었던 이야기 중 하나는 두 번째는 언제쯤 될까요, 였습니다. 신체와 관련된 내용 말고도 다른 관용어들이 너무도 많고 이후에 관련 관용어를 모아서 시리즈로 만들어보겠다고 이야기한 적도 있으니 그런 궁금증을 가지는 것은 당연할지도 모릅니다.

첫 번째 신체 편이 처음 시도라서 첫 아우트라인을 그리는데 어려웠다면 두 번째부터는 주제를 잡기가 어려워 많은 고민이 들었습니다. 어떤 범주를 주제로 잡아야 할지 어떤 콘셉트로 목록을 잡아 나가야 할지 너무도 큰 고민이었습니다. 이 고민을 정리하면서 우리나라의 관용어가 이렇게 많구나 그리고 범주가 이렇게 다양하구나, 도 많이 느꼈습니다. 현장에서 이를 가르치는 우리도 힘든데 이것을 익히고 배워야 하는 우리 아이들은 얼마나 힘들지 새삼 생각하게 됐습니다.

시간은 흘렀지만 아직도 아이들의 언어 발달 이슈의 마지막은 문해력입니다. 문해력은 책과 같은 인쇄물을 읽고 이해하는 것뿐만 아니라 생각과 느낌을 표현하는 것도 모두 포함하는 개념입니다. 아이들에게 무엇보다 중요한 것은 아이들이 제대로 읽는 것인데 그것은 글의 행간이라고 부르는 맥락에서 출발합니다. 아이들이 글자 그대로 읽는 것이 아니라 더 많은 뜻 더 깊은 뜻을 생각하고 이해하는 것은 쉬운 일이 아닙니다. 그러려면 상위언어능력의 발달은 필수라고 생각합니다. 그래서 언어재활사들도 교육전문가들도 상위언어능력에 대한 고민을 가지고 있는 것 같습니다.

상위언어능력의 기본은 관용어입니다. 관용어들은 글자 그대로 이를 해석해 버리면 무슨 뜻인지 감을 잡을 수 없습니다. 말을 배우기도 표현 어휘, 이해어휘를 충분히 발휘하기도 어려운 아이들에게 관용어는 먼 이야기일 수도 있습니다. 하지만 학교를 준비하거나 학교를 다니고 있는 아이들에게 가르쳐야 하는 것이기도 합니다. 외워서 하는 것에 한계가 있고 자연스럽게 배우고 반복적으로 노출시켜야 하는데 그 역시 쉬운 일은 아닙니다.

생각 쑥쑥 관용어는 그림과 경험 이야기, 확인 문제 등을 통해서 관용어의 뜻과 사용에 좀 더 쉽게 노출할 수 있도록 유도하였습니다. 관용어를 배우고 익히는데 부족함이 없도록 다양한 방법을 활용하였습니다.

저자들이 함께 머리를 맞대고 고민해서 만든 생각 쑥쑥 관용어 시리즈이니만큼 관용어를 가르쳐야 하는 많은 현장에서 귀하게 쓰이는 교재이기 바랍니다. 아이들도 관용어를 배우고 익히는데 조금이나마 도움이 될 수 있기를 기원하겠습니다.

2023.9 저자일동

자연편 — 이렇게 사용해주세요

1. 생각체크 각 관용어의 **생각체크**에서는 그림을 통해서 내용을 확인하실 수 있습니다. 각 관용어를 보여주는 상징적인 그림을 통해서 관용어의 뜻을 유추해 볼 수 있도록 하였습니다. 순서대로 따라 하다 보면 관용어의 뜻을 아이 스스로 유추할 수 있을 것입니다.

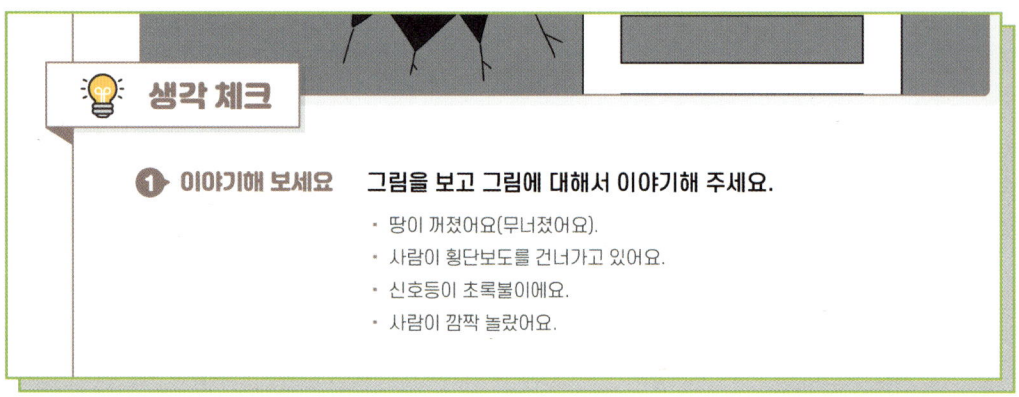

2. 내용체크 **내용체크**에서는 관용어 활용의 예를 살펴보았습니다. 다른 친구들과 자신의 경험을 통해서 어떻게 관용어를 사용할 수 있는지, 그 뜻에서 그치지 않고 실제 사용의 예를 확인할 수 있습니다. 또한 비슷한 표현 등을 통해서 관련 어휘의 확장이 가능하도록 하였습니다.

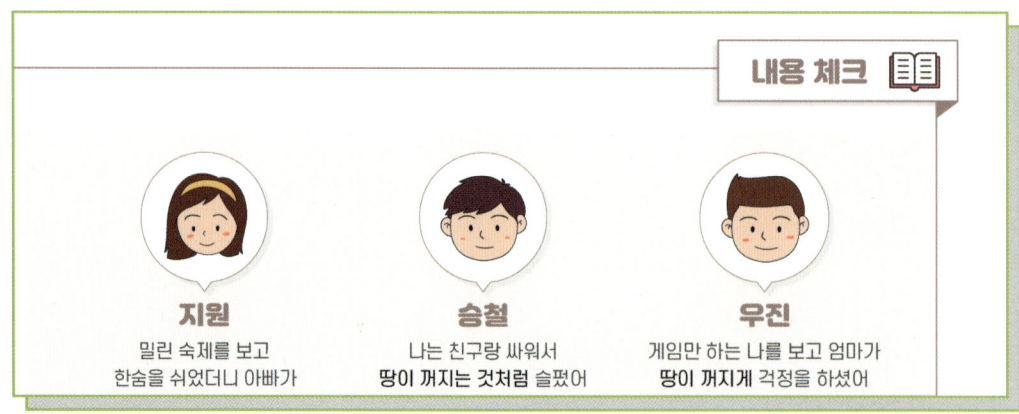

이 교재는 크게 **4가지 순서**로 활용할 수 있도록 제작되었습니다.

3. 다시체크 다시 체크에서는 실제 문제를 통해서 관용어를 알고 활용해 보도록 했습니다.
정확하게 관용어를 이해했는지 혹은 쓰임새를 알고 있는지 점검해 볼 수 있도록 하였습니다.

> **다시 체크**
>
> 1. 다음 문장을 보고 알맞은 것에는 O, 틀린 것에는 X 하세요.
>   ① 엄마는 내가 받아 온 상장을 보고 땅이 꺼지게 웃었어요. (   )
>   ② 누나는 비싼 가방 가격을 보고 땅이 꺼질 듯이 슬퍼했어요. (   )
>   ③ 나는 친구들과 땅이 꺼지게 놀았어요. (   )
>   ④ 아빠는 걱정이 많아서 땅이 꺼지게 한숨을 쉬었어요. (   )
>   ⑤ 형은 신이 나서 땅이 꺼지게 노래를 불렀어요. (   )
>   ⑥ 동생이 내가 아끼던 장난감을 망가뜨려서 땅이 꺼지는 것처럼 슬펐어요. (   )

4. 활용체크 활용체크에서는 관용어가 드러난 그림과 함께 이야기 활용, 내용 확인, 자신의 경험과 연결하는 모든 작업이 한 페이지 안에서 이루어지도록 했습니다. 배운 관용어에 대한 종합편의 느낌이 들도록 정리했습니다.

생각 쑥쑥 관용어 | 메타언어 시리즈 자연편

목차

PART 01 땅

1	땅이 꺼지다	10
2	땅을 치다	14
3	하늘과 땅 차이 (하늘과 땅)	18
4	땅에 떨어지다	22

PART 02 물

1	물 건너가다	28
2	물로 보다	32
3	물 만난 고기	36
4	물 불 가리지 않다	40
5	찬물을 끼얹다	44
6	물 위의 기름	48
7	엎지른 물	52
8	물 흐리다	56

PART 03 불

1	불 보듯 뻔하다	62
2	불똥이 튀다	66
3	불을 끄다	70
4	불을 지피다	74
5	불을 뿜다	78
6	강 건너 불구경하다	82

목 차

PART 04 바람

1	찬 바람을 일으키다	88
2	바람을 맞다	92
3	바람을 넣다	96
4	바람을 쐬다	100

PART 05 비 구름 해

1	구름같이 모여들다	106
2	뜬구름을 잡다	110
3	비가 오나 눈이 오나	114
4	비 오듯 하다	118
5	해가 서쪽에서 뜨다	122
6	빛을 보다	126

PART 06 하늘

1	하늘에 닿다	132
2	하늘이 노랗다	136
3	하늘이 두 쪽 나도	140
4	하늘 높은 줄 모르다	144
5	하늘에 맡기다	148
6	하늘을 찌르다	152

PART 01 땅

1	땅이 꺼지다	10
2	땅을 치다	14
3	하늘과 땅 차이 (하늘과 땅)	18
4	땅에 떨어지다	22

01 땅이 꺼지다

생각 체크

1 이야기해 보세요 그림을 보고 그림에 대해서 이야기해 주세요.
- 땅이 꺼졌어요(무너졌어요).
- 사람이 횡단보도를 건너가고 있어요.
- 신호등이 초록불이에요.
- 사람이 깜짝 놀랐어요.

2 생각해 보세요 이 그림은 어떤 상황일까요?
- 친구는 왜 놀랐을까요?
- 땅이 왜 아래로 꺼졌을까요?
- 땅이 꺼진 모습을 보니 어떤 마음이 드나요?
- ✔ 위 그림에서 '**땅이 꺼진**' 곳에 동그라미 해보세요.

3 추측해 보세요 '땅이 꺼지다'의 의미는 무엇일까요?

> '**땅이 꺼지다**'는 '몹시 깊고 크게 한숨을 쉬다'라는 뜻이에요.
> 대부분 좋지 않은 상황에서 답답하거나 슬픈 마음에 한숨을 크게 쉴 때 쓰는 말이에요.

내용 체크

지원
밀린 숙제를 보고 한숨을 쉬었더니 아빠가 '땅이 꺼지겠다!'라고 했어

승철
나는 친구랑 싸워서 **땅이 꺼지는 것처럼** 슬펐어

우진
게임만 하는 나를 보고 엄마가 **땅이 꺼지게** 걱정을 하셨어

❶ 경험 나누기 — 친구들의 경험 들어보기

- 지원이가 숙제를 보고 한숨을 쉬었을 때 아빠가 뭐라고 했나요?
- 승철이가 땅이 꺼지는 것처럼 슬펐던 이유는 무엇인가요?
- 우진이의 엄마가 땅이 꺼지게 걱정한 것은 무엇인가요?

의미 check — 비슷한 의미 표현 알아보기

- **비슷한 말:** 가슴이 무겁다 / 한숨을 쉬다

  예
  - **가슴이 무겁다:** 어제 친구한테 상처가 되는 말을 해서 가슴이 무겁다
  - **한숨을 쉬다:** 수학 숙제가 너무 많아서 한숨을 크게 쉬었다

❷ 경험 나누기 — 내 경험 이야기하기

1. 나는 땅이 꺼지게 한숨을 쉬어본 적이 있나요? (예 / 아니오)
2. 어떤 상황에서 한숨을 쉬어보았나요?
3. 그때의 감정은 어땠나요? 얼굴 표정을 그려보세요.
4. **'한숨을 쉴 만큼'** 기분이 좋지 않을 때 무엇을 하면 기분이 좋아지나요?

다시 체크

1. 다음 문장을 보고 알맞은 것에는 O, 틀린 것에는 X 하세요.

① 엄마는 내가 받아 온 상장을 보고 땅이 꺼지게 웃었어요.   (   )

② 누나는 비싼 가방 가격을 보고 땅이 꺼질 듯이 슬퍼했어요.   (   )

③ 나는 친구들과 땅이 꺼지게 놀았어요.   (   )

④ 아빠는 걱정이 많아서 땅이 꺼지게 한숨을 쉬었어요.   (   )

⑤ 형은 신이 나서 땅이 꺼지게 노래를 불렀어요.   (   )

⑥ 동생이 내가 아끼던 장난감을 망가뜨려서 땅이 꺼지는 것처럼 슬펐어요. (   )

2. 다음 보기에서 '땅이 꺼지다'와 같은 의미를 찾아 ○ 표시하세요.

> **보기** 즐겁다 / 신이 나다 / 큰 소리를 내다 / 답답하다 / 행복하다

3. 다음을 보고 '땅이 꺼지다'와 뜻이 다른 문장을 고르세요. (   )

① 수학 문제가 너무 어려워서 **답답했어요**.

② 한숨을 쉬고 있는 지영이는 **걱정이 많아** 보였어요.

③ 친구가 멋진 선물을 받고 **너무 신이 났어요**.

④ 할머니는 얼굴에 주름을 보고 **한숨을 크게 쉬었어요**.

⑤ 친구는 게임에 져서 매우 **기분이 좋지 않았어요**.

4. 다음 보기를 보고 공통으로 들어갈 말을 찾아 골라보세요. (   )

> **보기** 엄마는 아픈 형을 보고 (   ) 걱정을 했어요
> 친구가 이사를 가서 (   ) 슬퍼하며 울었어요
> 보고 싶었던 만화가 끝나서 (   ) 한숨을 쉬었어요

① 땅이 솟아오르게   ② 땅이 꺼지게   ③ 땅이 부서지게   ④ 땅에 떨어지게

활용 체크

그림 이야기
1. 여기는 어디인가요? 무슨 시간인가요?
2. 친구에게 어떤 문제가 생겼나요?
3. 친구가 땅이 꺼지게 한숨을 쉰 이유는 무엇인가요?

경험 이야기
1. 그림을 그릴 때 어떤 것들이 필요한가요?
2. ○○이는 유치원 / 학교에서 미술 시간을 좋아하나요?
3. 무언가를 할 때 답답하고 어려운 일이 생긴다면 어떻게 하면 좋을까요?

목표 check
- 의미를 이해했나요?
- '땅이 꺼지다'와 관련된 상황을 설명해 줄 수 있나요?

Q&A check check / 답안

1. ① X ② O ③ X ④ O ⑤ X ⑥ O | 2. 답답하다 | 3. 3번 | 4. 2번

02 땅을 치다

생각 체크

1 이야기해 보세요   그림을 보고 그림에 대해서 이야기해 주세요.

- 사람이 울고 있어요.
- 바닥을 주먹으로 치고 있어요.
- 태권도 시합에서 졌어요.
- 심판이 이긴 사람의 손을 들었어요.

2 생각해 보세요   이 그림은 어떤 상황일까요?

- 어떤 상황에서 심판이 손을 들어줄까요?
- 경기에서 진 사람은 누구일까요?
- 왼쪽 친구가 땅을 치고 있는 이유는 무엇인가요?
- ✔ 위 그림에서 '**땅을 치고 있는**' 사람을 찾아 동그라미 해보세요.

3 추측해 보세요   '땅을 치다'의 의미는 무엇일까요?

> '**땅을 치다**'라는 말은, 몹시 억울해서 마음이 아프거나 내가 한 일에 대해서 후회가 될 때 사용하는 말이에요.

내용 체크

도윤
친구가 잃어버린 지갑을 내가 가져갔다고 말해서 **땅을 치며** 억울했어요

주원
태권도 대회에서 2:0으로 지고 나서 **땅을 치며** 후회했어요

다은
엄마는 놀고 있는 나를 보며 '내일 시험인데 공부 안 하면 **땅을 치게 될걸?**'이라고 말했어요

❶ 경험 나누기 — 친구들의 경험 들어보기

- 도윤이는 왜 땅을 치며 억울해했나요?
- 주원이는 태권도에서 져서 어떤 마음이 들었나요?
- 다은이 엄마가 다은이에게 시험공부하라고 잔소리를 한 이유는 무엇인가요?

의미 check — 비슷한 의미 표현 알아보기

- **비슷한 말:** 분노하다 / 후회하다

    예
    - **분노하다:** 친구와의 게임 대결에서 지게 되어 분노했다
    - **후회하다:** 연습을 더 많이 하지 못한 것을 후회했다

❷ 경험 나누기 — 내 경험 이야기하기

1. 땅을 칠만큼 후회하거나 억울했던 상황이 있나요? (예 / 아니오)
2. 그때가 어떤 상황이었나요?
3. 그때의 감정은 어땠나요? 얼굴 표정을 그려보세요.
4. 그런 상황에서 나는 어떻게 행동했나요? 주변 사람들은 어떻게 말했나요?

다시 체크

1. 다음 문장을 보고 알맞은 것에는 O, 틀린 것에는 X 하세요.

① 땅을 치며 슬퍼하는 도건이를 보니 나도 같이 슬펐어요. (　　)

② 나는 아빠가 사 오신 치킨을 보고 땅을 치며 좋아했어요. (　　)

③ 건호야 내일 우리 집에 놀러 와! 안 놀러 오면 땅을 치게 될걸? (　　)

④ 친구들에게 오해를 받은 나영이는 억울해서 땅을 치며 소리쳤어요. (　　)

⑤ 어제 늦게까지 게임을 하는 바람에 지각을 하게 되어 땅을 치며 후회했어요. (　　)

⑥ 친구들과 팔씨름을 해서 이긴 지석이는 땅을 치며 신났어요. (　　)

2. 다음 보기에서 '땅을 치다'와 비슷한 의미를 찾아 ○ 표시하세요.

> **보기**　후회하다 / 땅이 흔들리다 / 즐겁다 / 마음을 울리다

3. 다음을 보고 '땅을 치다'와 뜻이 다른 문장을 고르세요. (　　)

① 나는 놀이공원에 놀러 갈 생각에 **땅을 치며** 웃었어요.

② 형이 화분을 깨뜨렸는데 엄마가 나를 혼내서 너무 **억울해요**.

③ 친구한테 내 딱지를 다 빼앗겨서 내기를 한 것이 매우 **후회스러워요**.

④ 선생님한테 혼나고 땅을 치며 **분노하는** 친구를 달래주었어요.

⑤ 엄마는 아빠의 사고 소식에 **땅을 치며 슬퍼했어요**.

4. 다음 보기를 보고 공통으로 들어갈 말을 찾아 골라보세요. (　　)

> **보기**　엄마가 내가 아끼는 인형을 버려서 (　　) 화가 났어요
> 낮잠을 자느라 치킨 먹을 기회를 놓친 것을 (　　) 후회했어요
> 시끄러운 친구 때문에 벌을 받아 (　　) 억울해 했어요

① 땅을 밟으며　　② 땅에 부딪히며　　③ 땅에 쏟으며　　④ 땅을 치며

그림 이야기
1. 오른쪽 그림의 친구에게 무슨 일이 일어났나요?
2. 친구가 땅을 치며 후회하는 일은 무엇인가요?
3. 왜 땅을 치며 후회했나요?

경험 이야기
1. ○○이도 늦게 일어나서 약속 시간이나 학교(유치원)에 늦은 적이 있나요?
2. 왜 늦게 일어났나요?
3. ○○이는 잠자기 전까지 어떤 일들을 하나요?
4. 아침에 일찍 일어나려면 어떻게 해야 하나요?

목표 check
- 의미를 이해했나요?
- '**땅을 치다**'와 관련된 상황을 설명해 줄 수 있나요?

Q&A check check / 답안

1. ① O ② X ③ O ④ O ⑤ O ⑥ X | 2. 후회하다 | 3. 1번 | 4. 4번

03 하늘과 땅 차이 (하늘과 땅)

생각 체크

1 이야기해 보세요   그림을 보고 그림에 대해서 이야기해 주세요.

- 나무가 두 그루 있어요.
- 나무가 아주 높아요.
- 구름과 산이 있어요.
- 친구가 키가 큰 나무를 쳐다보고 있어요.

2 생각해 보세요   이 그림은 어떤 상황일까요?

- 친구가 가리킨 나무는 어느 것일까요?
- 나무는 어느 정도로 키가 큰가요?
- 똑같은 두 그루의 나무 중에서 어떤 나무가 더 오래 살았을까요?
- ✔ 위 그림에서 '**하늘과 땅 차이**'처럼 크기가 다른 나무를 찾아 동그라미 해보세요.

3 추측해 보세요   '하늘과 땅 차이'의 의미는 무엇일까요?

> '**하늘과 땅 차이**'의 의미는 대상의 모습, 상태 또는 사람의 성격을 아주 다르게 비교하듯이 둘 사이에 비교를 할 때 큰 차이나 거리가 있음을 비유적으로 표현하는 말이에요.

내용 체크

민규
나와 내 동생의 축구 실력은
하늘과 땅 차이다

수진
중국에는 사람이 아주 많아
우리나라와 사람 수가
하늘과 땅 차이야

유진
기차와 자동차의 빠르기는
하늘과 땅 차이야

❶ 경험 나누기 친구들의 경험 들어보기

- 민규와 동생의 축구 실력이 왜 하늘과 땅 차이라고 할까요?
- 하늘과 땅 차이로 우리나라보다 사람 수가 많은 나라는 어디인가요?
- 유진이는 기차와 자동차의 빠르기를 어떻게 표현했나요?

의미 check 비슷한 의미 표현 알아보기

- **비슷한 말:** 하늘만큼 땅만큼 / 정반대
- 예
  - **하늘만큼 땅만큼:** 나는 엄마를 하늘만큼 땅만큼 사랑한다
  - **정반대:** 누나와 내 성격은 서로 정반대라서 안 맞는다

❷ 경험 나누기 내 경험 이야기하기

1. 나와 '**하늘과 땅 차이**'만큼 다른 성격의 친구가 있나요? (예 / 아니오)
2. 나와 어떤 점이 다른가요?
3. 주변에서 나와 친구를 비교할 때 어떤 마음이 드나요?
4. 왜 그런 감정이 들었는지 이야기해 보세요.

다시 체크

1. 다음 문장을 보고 알맞은 것에는 O, 틀린 것에는 X 하세요.

① 우리는 고작 1점 때문에 하늘과 땅 차이로 아쉽게 떨어졌다. (   )
② 더러워진 차를 보다가 깨끗하게 세차를 하고 나니 하늘과 땅 차이네. (   )
③ 내 친구는 나와 친하지만 성격은 하늘과 땅 차이이다. (   )
④ 나와 가까이 사는 친구의 집은 거리가 하늘과 땅 차이다. (   )
⑤ 여름과 겨울의 날씨는 하늘과 땅 차이다. (   )
⑥ 일란성쌍둥이의 모습은 하늘과 땅 차이다. (   )

2. 다음 보기에서 '하늘과 땅 차이'와 같은 의미를 찾아 ○ 표시하세요.

> **보기** 욕심을 내다 / 거리가 가깝다 / 비슷하다 / 차이가 없다 / 차이가 크다

3. 다음을 보고 '하늘과 땅 차이'와 뜻이 다른 문장을 고르세요. (   )

① 아빠의 요리 실력은 엄마를 따라가기엔 **한참 멀었다**.
② 도시와 시골의 건물들은 **매우 다르게** 생겼다.
③ 오늘 놀이터에는 **비슷한 키**의 친구들끼리 모였다.
④ 형은 진영이와 나의 게임 **실력 차이가 크다며** 비교했다.
⑤ 너희 남매는 좋아하는 것이 **정반대**구나?

4. 다음 보기를 보고 공통으로 들어갈 말을 찾아 골라보세요. (   )

> **보기** 캥거루와 토끼의 뛰는 높이는 (   )에요
> (   ) 만큼 우리는 성격이 달라요
> 커피와 콜라는 색깔이 비슷하지만 맛은 (   )에요

① 하늘과 구름사이   ② 물과 기름처럼   ③ 하늘만큼 땅만큼   ④ 하늘과 땅 차이

활용 체크

그림 이야기
1. 왼쪽 그림의 친구는 무엇을 하고 있나요?
2. 친구는 어디에서 축구를 하고 있나요?
3. 두 친구의 다른 점은 무엇인가요?

경험 이야기
1. 형제나 부모님이 ○○이와 다른 점은 어떤 것들이 있나요?
2. ○○이는 주로 어떻게 노는 것을 좋아하나요?
3. 나와 다른 형제나 친구를 보면 기분이 어떤가요?

목표 check
- 의미를 이해했나요?
- '하늘과 땅 차이'와 관련된 상황을 설명해 줄 수 있나요?

Q&A check check / 답안

1. ① X ② O ③ O ④ X ⑤ O ⑥ X | 2. 차이가 크다 | 3. 3번 | 4. 4번

04 땅에 떨어지다

 생각 체크

① 이야기해 보세요 그림을 보고 그림에 대해서 이야기해 주세요.
- 친구가 나무에서 떨어졌어요.
- 땅에 떨어져서 아플 것 같아요.
- 놀란 표정이에요.

② 생각해 보세요 이 그림은 어떤 상황일까요?
- 친구는 왜 나무에 올라갔을까요?
- 나무에서 떨어지면 어떻게 될까요?
- 나무에서 떨어져 다쳤을 땐 어떻게 해야 하나요?
- ✔ 위 그림에서 '**나무에서 떨어진**' 사람을 찾아 동그라미 해보세요.

③ 추측해 보세요 '땅에 떨어지다'의 의미는 무엇일까요?

 '**땅에 떨어지다**'의 의미는 명예나 권위 따위가 회복하기 어려울 정도로 손상되었다는 뜻이에요. 친구들 사이에서 인기가 많았다가 시간이 지나 인기가 없어졌을 때 '인기가 떨어지다'라는 뜻으로도 쓰여요.

내용 체크

라윤
집 근처 빵 가게의 맛이 없어져서 먹고 싶은 마음이 **땅에 떨어졌어요**

채이
할아버지는 일할 수 있는 기력이 **땅에 떨어져서** 매우 슬퍼했어요

은우
우리 반 반장은 잘난척하면서 친구들을 무시해서 믿음이 **땅에 떨어졌어요**

❶ 경험 나누기 친구들의 경험 들어보기

- 라윤이는 왜 빵을 먹고 싶은 마음이 땅에 떨어졌다고 말했나요?
- 채이의 할아버지가 슬퍼했던 이유는 무엇인가요?
- 은우반 반장은 친구들을 무시해서 어떤 일이 생겼나요?

의미 check 비슷한 의미 표현 알아보기

- **비슷한 말:** 내려가다
  - 예 — **내려가다:** 내가 좋아하는 가수는 요즘 사람들에게 인기가 내려갔다

- **반대말:** 치솟다
  - 예 — **치솟다:** 우리 반에서 키가 큰 수현이는 여자친구들에게 인기가 치솟는다

❷ 경험 나누기 내 경험 이야기하기

1. 내가 가진 물건 중 관심이 땅에 떨어진 것들이 있나요? (예 / 아니오)
2. 그 물건은 무엇인가요?
3. 왜 관심이 없어졌나요?
4. 요즘은 내가 관심 있는 것은 무엇인가요?

 다시 체크

1. 다음 문장을 보고 알맞은 것에는 O, 틀린 것에는 X 하세요.

① 친구가 계속 거짓말을 해서 친구에 대한 믿음이 땅에 떨어졌어요. (   )

② 동생에게 게임을 져서 나의 자신감은 땅에 떨어졌어요. (   )

③ 국어 시험을 다 맞아서 기분이 땅에 떨어질 듯이 좋아요! (   )

④ 땅에 떨어진 내 수학점수를 열심히 공부해서 다시 올릴 거예요! (   )

⑤ 우리 집은 아빠의 힘이 땅에 떨어져 이제는 엄마가 대장이에요. (   )

⑥ 인기가 땅에 떨어진 수연이는 주변에 친구들이 많아요. (   )

2. 다음 보기에서 '땅에 떨어지다'와 같은 의미를 찾아 ○ 표시하세요.

> **보기** 보는 눈이 높다 / 내려가다 / 이름이 높아지다 / 하늘로 치솟다

3. 다음을 보고 '땅에 떨어지다'와 뜻이 다른 문장을 고르세요. (   )

① 재호는 **인기가 없어서** 친구들이 많지 않아요.

② 더운 날에는 따뜻한 호떡의 **인기가 떨어져서** 잘 팔리지 않는다.

③ 축구팀은 이번 경기에 져서 순위가 **내려갔어요**.

④ **땅에 떨어진** 인기를 다시 일으키기엔 너무 늦었다.

⑤ 우리 반 친구들은 캐릭터 카드에 **관심이 높아졌어요**.

4. 다음 보기를 보고 공통으로 들어갈 말을 찾아 골라보세요. (   )

> **보기** 지연이는 잘난 체를 많이 해서 친구들 사이에서 인기가 (   )
> 할머니는 나이가 많이 들어서 체력이 (   )
> 공부를 안 하고 열심히 놀다 보니 성적이 (   )

① 땅으로 넘어졌어요   ② 땅에 떨어졌어요   ③ 치솟았어요   ④ 높아졌어요

활용 체크

그림 이야기
1. 오른쪽 그림의 친구는 어떤 표정을 하고 있나요?
2. 왜 그런 표정을 하고 있나요?
3. 오른쪽 친구가 다시 인기를 얻으려면 어떻게 하면 좋을까요?

경험 이야기
1. ○○이의 주변에는 인기가 많은 친구가 있나요?
2. 그 친구는 왜 인기가 많을까요?
3. ○○이도 인기 많은 사람이 되고 싶나요? 그러려면 어떻게 해야 할까요?

목표 check
- 의미를 이해했나요?
- **'땅에 떨어지다'**와 관련된 상황을 설명해 줄 수 있나요?

check check / 답안

1. ① O ② O ③ X ④ O ⑤ O ⑥ X | 2. 내려가다 | 3. 5번 | 4. 2번

PART 02 물

1	물 건너가다	28
2	물로 보다	32
3	물 만난 고기	36
4	물 불 가리지 않다	40
5	찬물을 끼얹다	44
6	물 위의 기름	48
7	엎지른 물	52
8	물 흐리다	56

01 물 건너 가다

생각 체크

1 이야기해 보세요 그림을 보고 그림에 대해서 이야기해 주세요.
- 친구가 물을 건너가고 있어요.
- 강에서 놀고 있어요.
- 섬에 깃발이 꽂혀있어요.

2 생각해 보세요 이 그림은 어떤 상황일까요?
- 친구는 물을 건너 어디로 가고 있을까요?
- 물에 빠지지 않고 건너는 방법에는 무엇이 있을까요?
- ✔ 위 그림에서 '**물을 건너가는**' 사람을 동그라미 해보세요.

3 추측해 보세요 '물 건너가다'의 의미는 무엇일까요?

 '**물 건너가다**'는 물건을 망가뜨려서 아예 쓸 수 없는 물건이 되어버린 것처럼 어떤 일이나 상황이 이미 끝나버려서 어떠한 방법을 쓰거나 조치할 수 없게 되어서 기회를 잃거나 시기를 놓쳤을 때를 말해요.

내용 체크

시윤
오늘 영어숙제 내는 날인데 집에 두고 와서 내 칭찬 스티커는 **물 건너갔다**

윤아
오늘 달리기 시합에서 이긴 팀은 아이스크림 사 주신다고 했는데 우리 팀은 **물 건너갔네**

혜림
오늘 아침에 갑자기 비가 와서 소풍이 **물 건너가는** 바람에 너무 아쉬웠다

❶ 경험 나누기 — 친구들의 경험 들어보기

- 시윤이의 칭찬 스티커는 왜 물 건너갔나요?
- 윤아네 반에서 우리 팀이 먹지 못한 아이스크림은 누가 먹게 되었나요? 그 상황을 윤아는 뭐라고 했나요?
- 혜림이는 비 때문에 소풍이 물 건너가게 되어 기분이 어땠나요?

의미 check — 비슷한 의미 표현 알아보기

- **비슷한 말:** 지나가다 / 기회를 잃다
- 예
  - **지나가다:** 이번 주말은 눈이 많이 내려서 여행도 못 가고 그냥 지나가겠어
  - **기회를 잃다:** 넌 엄마랑 약속을 안 지켜서 선물 얻을 기회를 잃었어!

❷ 경험 나누기 — 내 경험 이야기하기

1. 가고 싶었거나 하고 싶었던 일이 물 건너가서 아쉬웠던 경험이 있나요? (예 / 아니오)
2. 어떤 상황이었나요?
3. 그때 감정은 어땠나요? 그림으로 얼굴 표정을 그려보세요.
4. 앞으로 또 어떤 것들을 하고 싶은가요?
5. 그 일이 물 건너가지 않게 하려면 어떻게 해야 할까요?

 다시 체크

1. 다음 문장을 보고 알맞은 것에는 O, 틀린 것에는 X 하세요.

① 갑자기 비가 많이 와서 운동회는 물 건너갔다. (   )
② 친구랑 둘이 친하게 지내는 걸 보니 둘의 사이가 물 건너갔네. (   )
③ 마트에 빨리 가야 해서 물을 건너갔어! (   )
④ 형의 물건을 만졌다가 망가뜨려서 지금 다시 고치기엔 물 건너갔어. (   )
⑤ 그 일은 이미 물 건너간 일이라 자꾸 이야기해도 소용없어. (   )
⑥ 주스를 쏟아서 물 건너간 게임기를 보니 기분이 좋았다. (   )

2. 다음 보기에서 '물 건너가다'와 같은 의미를 찾아 ○ 표시하세요.

> **보기** 기회가 오다 / 매우 기쁘다 / 기회를 잃다 / 마음이 급하다

3. 다음을 보고 '물 건너가다'와 뜻이 다른 문장을 고르세요. (   )

① 도로가 막혀 친구의 약속에 **못 가게 되었어요**.
② 망가진 컴퓨터는 다시 **쓸 수 없게 되었어요**.
③ 나에게도 여행을 갈 수 있는 **기회가 왔어요**.
④ 나는 엄마의 말을 듣지 않아 용돈을 받을 **기회를 잃었어요**.
⑤ 말라버린 식물은 물을 주어도 다시 **살아나지 않았어요**.

4. 다음 보기를 보고 공통으로 들어갈 말을 찾아 골라보세요. (   )

> **보기** 오늘까지 내야 하는 숙제를 깜빡하는 바람에 제시간에 내는 건 (   )
> 비가 오는 바람에 소풍이 (   )
> 윗집이 너무 시끄러워서 오늘 잠은 (   )

① 물에 뛰어들다   ② 물 건너갔다   ③ 물로 보다   ④ 물처럼 쓰다

활용 체크

그림 이야기
1. 친구는 아빠에게 무엇을 고쳐달라고 했나요?
2. 아빠가 '물 건너갔네'라고 말한 이유는 무엇인가요?
3. 망가진 로봇은 어떻게 하면 좋을까요?
4. 로봇을 망가뜨렸을 때 아빠의 마음은 어땠을까요?

경험 이야기
1. ○○이는 친구나 다른 사람의 물건을 망가뜨려 본 적이 있나요?
2. 물건을 망가뜨렸을 때 상대방에게 뭐라고 말해야 하나요?

목표 check
- 의미를 이해했나요?
- '물 건너가다'와 관련된 상황을 설명해 줄 수 있나요?

Q&A check check / 답안

1. ① O ② X ③ X ④ O ⑤ O ⑥ X | 2. 기회를 잃다 | 3. 3번 | 4. 2번

02 물로 보다

💡 생각 체크

① 이야기해 보세요 — 그림을 보고 그림에 대해서 이야기해 주세요.
- 토끼랑 거북이가 있어요.
- 토끼가 웃고 있어요
- 거북이는 표정이 안 좋아요.
- 토끼가 달리기 시합을 하자고 했어요.

② 생각해 보세요 — 이 그림은 어떤 상황일까요?
- 거북이는 왜 표정이 좋지 않은가요?
- 거북이와 토끼가 달리기 시합하면 누가 이길 것 같나요?
- 토끼는 어떤 기분으로 달리기 시합을 하게 될까요?
- ✔ 위 그림에서 '**물로 보이는**' 동물에게 동그라미 해보세요.

③ 추측해 보세요 — '물로 보다'의 의미는 무엇일까요?

> 💬 '물로 보다'는 토끼가 거북이를 무시하듯이 사람을 하찮게 보거나 쉽게 생각한다는 뜻으로 상대방을 무시할 때 표현하는 말이에요.

내용 체크

영훈
나는 키가 작다고 무시하는 친구에게 '내가 작다고 **물로 보지마!**'라고 말했어요

영주
자전거를 타고 있는 언니는 나를 **물로 보고** "너는 두발자전거 못 타지?"라며 놀렸어요

태희
동생을 **물로 보고** 자전거 시합을 했다가 동생에게 져서 매우 창피했어요

---

① 경험 나누기   친구들의 경험 들어보기

- 영훈이는 키가 작다고 무시하는 친구에게 뭐라고 했나요?
- 영주는 언니가 자신을 물로 봤다고 말한 이유는 무엇인가요?
- 태희는 동생을 물로 봤다가 어떤 마음이 들었나요?

의미 check   비슷한 의미 표현 알아보기

- **비슷한 말:** 무시하다 / 만만하게 보다

  예 - **무시하다:** 주완이는 그림을 잘 못 그리는 친구를 놀리며 무시했어요
  - **만만하게 보다:** 너 나를 만만하게 보다가 큰코다칠 줄 알아

② 경험 나누기   내 경험 이야기하기

1. 다른 사람이 나를 물로 보고 무시한 적이 있나요? (예 / 아니오)
2. 그때의 상황을 이야기해 줄 수 있나요?
3. 그때의 감정은 어땠나요? 얼굴 표정을 그려보세요.
4. 다른 사람이 나를 물로 보지 않도록 하려면 어떻게 해야 할까요?

 **다시 체크**

1. 다음 문장을 보고 알맞은 것에는 O, 틀린 것에는 X 하세요.

   ① 사람들은 경기에서 이긴 팀을 물로 보며 멋지다고 박수를 쳤어요.　(　　)
   ② 시영이는 친구들에게 '나를 물로 보지 마!'라며 소리쳤어요.　(　　)
   ③ 학생들은 선생님을 물로 보고 모두 존경스러운 눈빛으로 쳐다봤어요.　(　　)
   ④ 누나는 친구들이 나를 물로 보지 않도록 도와줬어요.　(　　)
   ⑤ 미연이는 어린 동생을 물로 보고 계속 놀려댔어요.　(　　)
   ⑥ 나를 물로 보던 형은 게임 대결을 했다가 져서 화가 났어요.　(　　)

2. 다음 보기에서 '물로 보다'와 같은 의미를 찾아 ○ 표시하세요.

   > **보기**　무시하다 / 투명하다 / 올려다보다 / 멋있게 보다 / 존경하다

3. 다음을 보고 '물로 보다'와 뜻이 다른 문장을 고르세요. (　　)

   ① 형은 나를 **만만하게 보고** 팔씨름 내기를 하다가 져서 아이스크림을 샀어요.
   ② 내가 뚱뚱하다고 **무시했다가는** 크게 다칠 줄 알아!
   ③ 민아는 수민이가 **멋있어서** 좋아하게 됐어요.
   ④ 힘이 세다고 잘난 척하던 경수는 친구들을 **하찮게** 생각했어요.
   ⑤ 나는 앞으로 약한 친구를 **얕보지** 않고 도와줄 거예요.

4. 다음 보기를 보고 공통으로 들어갈 말을 찾아 골라보세요. (　　)

   > **보기**　친구들이 나를 (　　) 무시했어요
   > 우리 축구팀은 상대팀을 (　　) 자신감에 넘쳤어요
   > 작은 강아지를 (　　) 건드렸다가 손을 물렸어요

   ① 물 건너가듯　② 물 같지 않게　③ 물로 보고　④ 물에 넣고

그림 이야기
1. 여기는 어디인가요?
2. 왼쪽 친구가 오른쪽 친구를 물로 보고 무시한 이유는 무엇일까요?
3. 키가 작은 친구는 어떤 기분이 들었을까요?
4. 키가 작은 친구가 물로 보이지 않으려면 어떻게 하면 될까요?

경험 이야기
1. ○○이는 농구를 해보거나 보러 간 적이 있나요?
2. 농구는 어떤 사람이 잘할 수 있을까요?
3. 키가 크려면 어떻게 해야 하나요?

목표 check
- 의미를 이해했나요?
- '물로 보다'와 관련된 상황을 설명해 줄 수 있나요?

Q&A check check / 답안

1. ① X ② O ③ X ④ O ⑤ O ⑥ O | 2. 무시하다 | 3. 3번 | 4. 3번

03 물 만난 고기

 생각 체크

1 이야기해 보세요   그림을 보고 그림에 대해서 이야기해 주세요.
- 물고기가 모래 위에 있어요.
- 물고기가 물 / 바다 / 강에 왔어요.
- 물고기가 물을 보고 좋아하는 표정이에요.

2 생각해 보세요   이 그림은 어떤 상황일까요?
- 물고기는 왜 물을 보며 좋아할까요?
- 물고기가 계속 모래 위에 있다면 어떻게 될까요?
- 물고기가 살려면 어떻게 해야 할까요?
- ✔ 위 그림에서 '**물 만난 고기**'를 동그라미 해보세요.

3 추측해 보세요   '물 만난 고기'의 의미는 무엇일까요?

 '**물 만난 고기**'라는 말은 물고기가 물을 보고 좋아하듯이 떨어질 수 없는 친한 사이를 말하거나, 어려운 지경에서 벗어나 활발하게 활동하기 좋은 상황을 만났을 때 표현하는 말이에요.

내용 체크

경원
누나는 항상 가고 싶었던
제주도에 가게 되어서
물 만난 고기처럼 좋아했다

연지
오랜만에 만난 친구를 보고
물 만난 고기처럼
반가워했어

태주
고기를 좋아하는 나는
엊그제 삼겹살을 먹으러 가서
물 만난 고기처럼 맛있게 먹었어

❶ 경험 나누기   친구들의 경험 들어보기

- 경원이의 누나는 왜 물 만난 고기처럼 좋아했나요?
- 오랜만에 친구를 만난 연지는 무엇처럼 반가워했나요?
- 태주가 물 만난 고기처럼 맛있게 먹은 음식은 무엇인가요?

의미 check   비슷한 의미 표현 알아보기

- **비슷한 말:** 기분이 날아가다
  - **예** – **날아가다:** 선물을 사 온 아빠를 보며 기분이 날아가듯 좋았어요

- **반대말:** 사이가 뜨다
  - **예** – **사이가 뜨다:** 친구들 간에 작은 일로 싸워서 사이가 뜨면 되겠니?

❷ 경험 나누기   내 경험 이야기하기

1. 나는 물 만난 고기처럼 즐거웠던 적이 있나요? (예 / 아니오)
2. 즐거웠던 때는 언제 인가요?
3. 그때 나의 기분은 어땠나요?
4. ○○이의 엄마와 아빠는 무엇을 할 때 물 만난 고기처럼 즐거워하나요?

 **다시 체크**

1. 다음 문장을 보고 알맞은 것에는 O, 틀린 것에는 X 하세요.

① 놀이동산에 온 우리는 물 만난 고기처럼 신나게 놀았어요.　　　　(　　)

② 친구는 나를 보자마자 물 만난 고기처럼 노려보았어요.　　　　　(　　)

③ 내가 물놀이를 하는 모습을 보고 아빠는 물 만난 고기 같다고 했어요. (　　)

④ 야채를 싫어하는 누나는 물 만난 고기처럼 괴로워했어요.　　　　(　　)

⑤ 키즈카페에 놀러 온 아이는 물 만난 고기처럼 즐거워했어요.　　　(　　)

⑥ 게임을 하며 즐거워하는 형을 보니 물 만난 고기 같았어요.　　　(　　)

2. 다음 보기에서 '물 만난 고기'와 같은 의미를 찾아 O 표시하세요.

> **보기**　겁이 많다　/　마음이 상하다　/　매우 친하고 좋다　/　사이가 좋지 않다　/　괴롭다

3. 다음을 보고 '물 만난 고기'와 뜻이 다른 문장을 고르세요. (　　)

① 예쁜 옷을 모으는 언니는 백화점에 갈 때마다 **즐거운 표정이다**.

② 엄마는 빵을 좋아해서 기분이 좋지 않다가도 빵집에 가면 **기분이 좋아져요**.

③ 학교에서 만난 같은 반 친구들을 놀이터에서 보고 정말 **반갑게** 인사했어요.

④ 할아버지를 좋아하는 우리는 할아버지집에 도착해서 굉장히 **신나 있었다**.

⑤ 스케이트를 잘 타는 형은 스케이트장에 도착하자마자 **매우 실망했다**.

4. 다음 보기를 보고 공통으로 들어갈 말을 찾아 골라보세요. (　　)

> **보기**　할머니 집에 가는 차 안에서 나는 (　　)처럼 들떠있었다
> 　　　　언니와 나는 (　　)처럼 항상 붙어 다녔다
> 　　　　더운 여름에 아이스크림 가게를 보고 (　　)처럼 행복했다

① 물 만난 고기　　② 물에 떠다니듯이　　③ 물에 빠진　　④ 물을 건너가듯

활용 체크

그림 이야기
1. 이곳은 어디인가요?
2. 옆에 있는 친구는 노란색 킥 판을 왜 들고 있을까요?
3. 물 만난 고기처럼 수영을 하고 있는 친구는 누구인가요?
4. 수영을 잘하는 것을 어떻게 알았나요?

경험 이야기
1. ○○이는 수영장에 가 본 적이 있나요?
2. 수영을 할 때에는 필요한 준비물은 어떤 것들이 있나요?
3. 수영을 잘 못하는 친구에게는 어떤 것이 필요한가요?
4. 수영장에서는 어떤 규칙들을 지켜야 하는지 이야기해 봅시다.

목표 check
- 의미를 이해했나요?
- '물 만난 고기'와 관련된 상황을 설명해 줄 수 있나요?

Q&A check check / 답안

1. ① O ② X ③ O ④ X ⑤ O ⑥ O | 2. 매우 친하고 좋다 | 3. 5번 | 4. 1번

04 물 불 가리지 않다

생각 체크

1 이야기해 보세요 그림을 보고 그림에 대해서 이야기해 주세요.
- 친구가 실험을 하고 있어요.
- 머리에 머리띠를 하고 있어요.
- 물과 불을 보고 있어요.
- 친구는 무언가 결심을 한 표정이에요.

2 생각해 보세요 이 그림은 어떤 상황일까요?
- 친구는 무엇을 하려는 것 같나요?
- 결과는 어떻게 되었을까요?
- ✔ 위 그림에서 '**물과 불**'에 동그라미를 하세요.

3 추측해 보세요 '물 불 가리지 않다'의 의미는 무엇일까요?

 '**물 불 가리지 않다**'라는 그림처럼 물 불 가리지 않고 실험을 도전하듯이 성질이 아주 급한 사람을 표현하거나 어떠한 어려움이나 위험도 무릅쓰고 강행하거나 막무가내로 행동한다는 뜻이에요.

내용 체크

주희
나는 오빠와 게임 대결에서 이기고 싶은 마음에 **물 불 안 가리고** 열심히 했어요

연주
강아지는 주인을 구하기 위해 **물 불 안 가리고** 뛰어들었어

민찬
오늘 피구 할 때 **물 불 안 가리고** 열심히 해서 우리 팀이 이겼어 그래서 매우 뿌듯했어

① 경험 나누기   친구들의 경험 들어보기

- 주희는 오빠랑 게임을 하면서 왜 물 불 안 가리고 열심히 했나요?
- 강아지는 주인을 구하기 위해 어떻게 했나요?
- 민찬이는 피구 시합에서 물 불 안 가리고 해서 어떤 마음이 들었나요?

의미 check   비슷한 의미 표현 알아보기

- **비슷한 말:** 위험하다 / 막무가내

  예
  - **위험하다:** 친구를 쫓아가겠다고 계단에서 위험하게 달렸어요
  - **막무가내:** 도둑을 잡겠다고 막무가내로 쫓아가려고 하는 아빠를 말렸어요

② 경험 나누기   내 경험 이야기하기

1. 나는 물 불 가리지 않고 행동했던 적이 있나요? (예 / 아니오)
2. 물 불 가리지 않고 행동한 이유는 무엇인가요?
3. 친구들 또는 사람들의 반응은 어땠나요?
4. 그리고 내 기분은 어땠나요? 그때의 기분을 얼굴 표정으로 그려보세요.

 다시 체크

1. 다음 문장을 보고 알맞은 것에는 O, 틀린 것에는 X 하세요.
   ① 내 친구는 높은 산을 올라갈 때도 물 불 가리지 않고 도전을 해요. (   )
   ② 위험한 상황에 빠진 친구를 보고 물 불 가리지 않고 숨었어요. (   )
   ③ 소방관은 물 불 가리지 않고 불길에 뛰어들었어요. (   )
   ④ 아빠는 물에 빠진 나를 위해 물 불 가리지 않고 구해줬어요. (   )
   ⑤ 경찰은 위험한 상황에도 물 불 가리지 않고 도둑을 잡았어요. (   )
   ⑥ 물 불 가리지 않는 나는 위험한 일에 절대 나서지 않아요. (   )

2. 다음 보기에서 '물 불 가리지 않다'와 같은 의미를 찾아 ◯ 표시하세요.

   보기 잘난체하다 / 위험하게 행동하다 / 힘이 세다 / 이기적이다 / 몸을 아끼다

3. 다음을 보고 '물 불 가리지 않다'와 뜻이 다른 문장을 고르세요. (   )
   ① 과학자는 우주선을 만들기 위해 **여러 가지 실험에 도전**해요.
   ② 호랑이는 먹이를 구하기 위해 숲속에서 **몸을 아껴요**.
   ③ 형은 아빠의 말을 듣지 않고 **막무가내로 행동**해 혼났어요.
   ④ 군인들은 나라를 지키기 위해 **위험을 무릅쓰고** 전쟁에 나갔어요.
   ⑤ 축구 선수들은 경기에 이기기 위해 **몸을 던지며** 열심히 싸웠어요.

4. 다음 보기를 보고 공통으로 들어갈 말을 찾아 골라보세요. (   )

   보기 내 친구는 승부욕이 강해서 어떤 일이든 (   )
   아빠는 항상 사랑하는 우리를 지켜주기 위해 (   )
   맹수들은 먹잇감을 구하기 위해 항상 (   )

   ① 물 불 가리지 않는다   ② 멋있는 척하다   ③ 겁이 많다   ④ 몸을 숨기다

활용 체크

그림 이야기
1. 그림은 어떤 상황인 것 같나요?
2. 남자친구는 왜 물 불 가리지 않고 절벽에서 뛰어들었나요?
3. 물에 빠진 친구는 어떤 마음일까요?

경험 이야기
1. 물놀이하러 가서 물에 빠진 적이 있나요?
2. 물놀이를 할 때 안전 수칙을 지키지 않으면 어떻게 되나요?
3. 물놀이할 때 지켜야 할 안전 수칙은 무엇이 있나요?

목표 check
- 의미를 이해했나요?
- '물 불 가리지 않다'와 관련된 상황을 설명해 줄 수 있나요?

Q&A check check / 답안

1. ① O ② X ③ O ④ O ⑤ O ⑥ X | 2. 위험하게 행동하다 | 3. 2번 | 4. 1번

05 찬물을 끼얹다

생각 체크

1 이야기해 보세요 그림을 보고 그림에 대해서 이야기해 주세요.
- 왼쪽 친구가 통에 담긴 물을 부려요.
- 오른쪽 친구가 물에 맞았어요.
- 왼쪽 친구가 물을 뿌리며 웃고 있어요.

2 생각해 보세요 이 그림은 어떤 상황일까요?
- 차가운 물이라는 것은 어떻게 알았나요?
- 친구는 왜 물을 부렸을까요?
- 찬물을 맞으면 기분이 어떨까요?
- ✔ 위 그림에서 '**찬물을 끼얹는**' 친구에게 동그라미를 해보세요.

3 추측해 보세요 '찬물을 끼얹다'의 의미는 무엇일까요?

> '**찬물을 끼얹다**'는 많은 사람들이 갑자기 조용해지거나 숙연해지는 상황 또는 트집을 잡아 좋은 분위기를 망칠 때 쓰는 말이에요.

내용 체크

선호
즐거웠던 분위기가 갑자기 조용히 되었을 때 '찬물을 끼얹다'라고 말한대

나희
응원 소리가 갑자기 멈추어서 누가 찬물을 끼얹은 줄 알았어

규연
친구들과 놀고 있는데 선생님이 갑자기 나타나셔서 찬물을 끼얹은 분위기가 되었어

❶ 경험 나누기 — 친구들의 경험 들어보기

- 선호는 '찬물을 끼얹다'라는 말을 어떤 분위기에서 쓰는 말인가요?
- 나희는 왜 찬물을 끼얹은 것 같다고 했나요?
- 규연이와 친구들은 선생님이 나타나면서 어떤 분위기가 되었나요?

의미 check — 비슷한 의미 표현 알아보기

- **비슷한 말:** 초를 치다 / 숙연해지다

  예
  - **초를 치다:** 형이 초를 치는 바람에 즐거웠던 분위기가 조용해졌어요
  - **숙연해지다:** 친구가 우는 바람에 분위기가 숙연해졌다

❷ 경험 나누기 — 내 경험 이야기하기

1. 나는 찬물을 끼얹은 것처럼 갑자기 조용해진 상황을 본 적 있나요? (예 / 아니오)
2. 그 상황은 어떤 상황이었나요?
3. 그때 느낌은 어땠나요? 느낌을 색깔로 표현하면 어떤 색일까요?
4. 왜 그런 감정이 들었는지 생각해 보세요.

 **다시 체크**

1. 다음 문장을 보고 알맞은 것에는 O, 틀린 것에는 X 하세요.
   ① 백화점에서 누가 소리를 지르자 찬물을 끼얹은 것처럼 시끄러워졌어요. (   )
   ② 은아가 노래를 부르자 갑자기 찬물을 끼얹은 것처럼 조용해졌어요. (   )
   ③ 축구장에서 응원할 때에는 찬물을 끼얹은 것처럼 신이 나게 응원해요. (   )
   ④ 선생님이 이야기를 시작하자 찬물 끼얹은 것처럼 조용해졌어요. (   )
   ⑤ 기차가 지나가는 소리는 찬물을 끼얹은 것처럼 엄청 커요. (   )
   ⑥ 동생에게 큰 소리로 이야기하자 찬물을 끼얹은 것처럼 시끄러워졌어요. (   )

2. 다음 보기에서 '찬 물을 끼얹다'와 비슷한 의미를 찾아 ○ 표시하세요.

   보기 뜨거워지다 / 조용해지다 / 재미있다 / 신이 나다 / 시끄럽다

3. 다음을 보고 '찬물을 끼얹다'와 뜻이 다른 문장을 고르세요. (   )
   ① 민준이가 친구들과 놀다가 화를 내서 즐거운 **분위기를 망쳤다**.
   ② 세영이가 다쳤다는 소식을 듣자마자 교실이 **조용해졌어요**.
   ③ 슬픈 이야기를 한 세호 덕분에 분위기가 **숙연해지고 말았어요**.
   ④ 선미는 만화영화를 보게 되어 **신이 나요**.
   ⑤ 할머니가 크게 소리를 지르셔서 분위기가 **조용해졌어요**.

4. 다음 보기를 보고 공통으로 들어갈 말을 찾아 골라보세요. (   )

   보기 (   ) 갑자기 조용해졌어요
   　　　재호가 이상한 말을 해서 (   ) 분위기가 바뀌었어요

   ① 찬물을 끼얹은 것처럼   ② 짜증이 나요   ③ 찬물을 흘렸어요   ④ 찬물을 마셔요

활용 체크

그림 이야기
1. 여기는 어디일까요? 무슨 상황인 것 같나요?
2. 친구가 현장체험 날 비가 온다고 말했을 때 분위기는 어떤 것 같나요?
3. 현장학습에 챙겨가야 할 것은 무엇일까요?

경험 이야기
1. 현장체험 날 비가 온 적이 있나요? 그때 기분은 어땠나요?
2. ○○이는 현장학습을 어디로 다녀왔나요?
3. 다녀왔던 현장학습 중 가장 재미있었던 일은 무엇이 있나요?

목표 check
- 의미를 이해했나요?
- '찬물을 끼얹다'와 관련된 상황을 설명해 줄 수 있나요?

Q&A check check / 답안

1. ① X ② O ③ X ④ O ⑤ X ⑥ X | 2. 조용해지다 | 3. 4번 | 4. 1번

06 물 위의 기름

💡 생각 체크

1 이야기해 보세요 그림을 보고 그림에 대해서 이야기해 주세요.
- 친구가 물과 기름을 들고 있어요.
- 물이랑 기름을 넣고 있어요.
- 물 위에 기름이 있어요.

2 생각해 보세요 이 그림은 어떤 상황일까요?
- 물과 기름을 섞으면 어떻게 될까요?
- 물과 기름은 어떤 사이인 것 같나요?
- ✔ 위 그림에서 '**물 위의 기름**'에 동그라미 해보세요.

3 추측해 보세요 '물 위의 기름'의 의미는 무엇일까요?

> '**물 위의 기름**'은 친구가 물과 기름을 넣고 섞었지만, 섞이지 않은 것처럼 서로 어울리지 못하여 겉도는 사이일 때 쓰이는 말이에요.

내용 체크

현규
친구들이 놀이에 끼워 주지 않아서 겉도는 것을 **물 위의 기름** 같다고 표현한대

재민
재민이는 전학 와서 **물 위의 기름처럼** 친구들과 친해지지 못했어요

은주
약속 장소에 늦게 도착하는 바람에 친구들 근처에서 **물 위의 기름처럼** 서 있었어

① 경험 나누기 — 친구들의 경험 들어보기

- 현규는 친구들이 놀이에 끼워주지 않는 것을 무엇이라고 표현했나요?
- 재민이는 학교에서 물 위에 기름처럼 느껴진 이유는 무엇인가요?
- 약속 장소에 늦게 도착 한 은주는 친구들 근처에서 어떻게 서 있었나요?

의미 check — 비슷한 의미 표현 알아보기

- **비슷한 말:** 맴돌다 / 겉돌다

- 예
  - **맴돌다:** 같이 놀고 싶어서 친구의 주변을 계속 맴돌았어요
  - **겉돌다:** 겉돌고 있는 서현이에게 같이 놀자고 이야기해요

② 경험 나누기 — 내 경험 이야기하기

1. 나는 물 위의 기름 같았던 상황을 경험해 본 적 있나요? (예 / 아니오)
2. 어떤 상황이었나요?
3. 그때 나는 어떻게 하고 싶었나요?
4. 왜 그렇게 하고 싶었나요?

 다시 체크

1. 다음 문장을 보고 알맞은 것에는 O, 틀린 것에는 X 하세요.
   ① 승연이는 물 위의 기름처럼 친구들이 노는 것을 구경만 하고 있어요. (   )
   ② 오늘 처음 만난 재호랑 은호의 사이는 물 위의 기름처럼 엄청 친해요. (   )
   ③ 새로운 학원에 간 성윤이는 물 위의 기름처럼 어색하게 서 있어요. (   )
   ④ 하늘이는 물 위의 기름처럼 모르는 사람 옆에 서 있어요. (   )
   ⑤ 버스 안에서 처음 만난 아저씨와 물 위의 기름처럼 신나게 이야기했어요. (   )
   ⑥ 인기가 많은 선영이는 친구들과 물 위의 기름처럼 친하게 지냈어요. (   )

2. 다음 보기에서 '물 위의 기름'과 비슷한 의미를 찾아 ○ 표시하세요.

   보기   겉돌다 / 재미있다 / 생각나다 / 어울리다 / 신이 나다

3. 다음을 보고 '물 위의 기름'과 뜻이 다른 문장을 고르세요. (   )
   ① 성호는 친구들과 **어울려서 재미있게** 축구를 했어요.
   ② 새로 간 학원에는 **친하지 않은** 친구들만 있어서 재미가 없어요.
   ③ 재호는 친구들의 분위기를 살피기 위해 친구들 주변을 계속 **맴돌았어요**.
   ④ 강아지 모임에 간 은하는 다른 사람들과 **멀리 떨어져 앉았어요**.
   ⑤ 정우와 예성이는 성격이 반대라서 **자주 싸워요**.

4. 다음 보기를 보고 공통으로 들어갈 말을 찾아 골라보세요. (   )

   보기   정수와 명호는 (   ) 어색해 했어요
          선생님은 (   ) 어울리지 못하는 친구들에게 말을 걸어 주셨어요
          감자와 장미꽃은 (   ) 어울리지 않아요

   ① 짝꿍처럼   ② 끼워주며   ③ 손을 잡고   ④ 물 위의 기름처럼

활용 체크

그림 이야기
1. 친구들은 무엇을 하고 있나요?
2. 혼자 있는 친구는 어떤 기분일까요?
3. 혼자 있는 친구는 다른 친구들에게 무엇이라고 말하고 싶을까요?

경험 이야기
1. 다른 친구들이 놀 때 혼자서 놀이를 하거나 구경해 본 적이 있나요?
2. 처음 만난 친구와 친하게 지내고 싶을 땐 어떤 말을 하면 좋을까요?
3. 친구들과 어떤 놀이를 할 때 가장 신이 나나요?

목표 check
- 의미를 이해했나요?
- '물 위의 기름'과 관련된 상황을 설명해 줄 수 있나요?

Q&A check check / 답안

1. ① O ② X ③ O ④ O ⑤ X ⑥ X | 2. 겉돌다 | 3. 1번 | 4. 4번

07 엎지른 물

생각 체크

1 이야기해 보세요   그림을 보고 그림에 대해서 이야기해 주세요.
- 여기는 도서관이에요.
- 친구가 물을 쏟았어요.
- 친구가 울고 있어요.
- 책이 물에 젖었어요.

2 생각해 보세요   이 그림은 어떤 상황일까요?
- 젖은 책은 어떻게 하면 좋을까요?
- 책에 쏟아진 물은 다시 담을 수 있나요?
- ✔ 위 그림에서 '엎질러진 물'에 동그라미 해보세요.

3 추측해 보세요   '엎지른 물'의 의미는 무엇일까요?

> '엎지른 물'이라는 표현은 책 위에 물이 쏟아진 것처럼 한번 저지른 일을 다시 바로잡거나 돌이킬 수 없을 때 쓰이는 말이에요.

내용 체크

은하
나 이제 너랑 안 놀아
우리 사이는 이제
엎지른 물이야

시영
달리기 시합에서
넘어지는 바람에
1등은 **엎지른 물**이 되었어

재우
숙제를 깜빡하고 놓고 오다니
이미 **엎질러진 물**이야

❶ 경험 나누기 — 친구들의 경험 들어보기

- 은하는 친구와 싸워서 어떤 사이가 되었나요?
- 시영이는 달리기 시합 1등이 왜 엎지른 물이 되었다고 했나요?
- 재우는 왜 엎질러진 물이라고 표현했나요?

의미 check — 비슷한 의미 표현 알아보기

- **비슷한 말:** 후회하다 / 물 건너가다 / 돌이킬 수 없다

  예
  - **후회하다:** 숙제를 미리 하지 않은 것을 후회했어요
  - **물 건너가다:** 한번 놓친 기회는 물 건너 간 거나 다름없대요
  - **돌이킬 수 없다:** 클레이로 만든 열쇠고리가 망가져 돌이킬 수 없게 되었다

❷ 경험 나누기 — 내 경험 이야기하기

1. 나는 엎질러진 물처럼 후회했던 경험을 해 본 적 있나요? (예 / 아니오)
2. 어떤 상황이었나요?
3. 그때 감정은 어땠나요?
4. 그런 일이 다음부터 안 생기려면 어떻게 해야 될까요?

 다시 체크

1. 다음 문장을 보고 알맞은 것에는 O, 틀린 것에는 X 하세요.

① 선생님이 오기 전에 학습지를 끝내지 못한 누나는 이미 엎질러진 물이라며 포기했어요. (   )
② 아끼던 로봇이 망가져서 내 기분은 엎질러진 물처럼 기분이 좋았어요. (   )
③ 가방에 넣은 지갑이 없다는 사실을 알았을 때는 이미 엎질러진 물이 된 후에요. (   )
④ 내가 앉고 싶었던 앞자리에 앉게 되어 엎질러진 물처럼 신이 났어요. (   )
⑤ 성호는 자기 순서가 지나간 엎질러진 물 같은 상황을 믿을 수 없었어요. (   )
⑥ 팔을 다친 세운이는 조심하지 않은 것에 대해 엎질러진 물처럼 후회했어요. (   )

2. 다음 보기에서 '엎지른 물'과 같은 의미를 찾아 ○ 표시하세요.

> 보기 연결하다 / 손이 맵다 / 발이 크다 / 후회하다 / 잠을 자다

3. 다음을 보고 '엎지른 물'과 뜻이 다른 문장을 고르세요. (   )

① **주워 담을 수 없는 말**을 한 영재는 눈앞이 캄캄해졌어요.
② 연호는 바닥에 흘린 과자 부스러기를 **주워 담았어요**.
③ 할머니에게 드릴 사과 파이를 **땅바닥에 흘리는 바람에** 눈물이 났어요.
④ 선재는 피자가 도착해서야 **주문을 잘못했다는 것을** 알게 되었어요.
⑤ 친구에게 줄 선물이 **다 망가지는 바람에** 눈물이 나요.

4. 다음 보기를 보고 공통으로 들어갈 말을 찾아 골라보세요. (   )

> 보기 실수한 일은 그만 잊어! (   )
> 다른 옷이랑 착각해서 옷을 바꿔 입고 오다니 (   )

① 짝꿍처럼   ② 엎질러진 물이야   ③ 손을 잡고   ④ 물 위의 기름처럼

활용 체크

그림 이야기
1. 여기는 어디일까요? 친구에게 무슨 일이 생겼나요?
2. 망쳐버린 그림을 내고 있는 친구의 기분이 어때 보이나요?
3. 빨간 사과 그림을 완성해서 내려면 어떻게 했어야 했나요?
4. 빨간 사과 그림을 내지 못한 친구는 어떤 기분이 들까요?

경험 이야기
1. 친구가 내 그림이나 물건에 장난친 적이 있었나요?
2. 그때 내 기분은 어땠나요?
3. 나는 평소에 준비를 잘 하는 편인가요?

목표 check
- 의미를 이해했나요?
- '엎지른 물'과 관련된 상황을 설명해 줄 수 있나요?

Q&A check check / 답안

1. ① O ② X ③ O ④ X ⑤ O ⑥ O | 2. 후회하다 | 3. 2번 | 4. 2번

08 물 흐리다

생각 체크

1 이야기해 보세요   그림을 보고 그림에 대해서 이야기해 주세요.
- 연못에 개구리가 있어요.
- 개구리가 점프해서 들어가요.
- 연못 색깔이 변했어요.

2 생각해 보세요   이 그림은 어떤 상황일까요?
- 개구리는 어디에서 나타났을까요?
- 개구리는 왜 물에 뛰어들어갔나요?
- 물에 뛰어든 후에 물이 어떻게 되었나요?
- ✔ 위 그림에서 '**물을 흐린**' 개구리에 동그라미 해보세요.

3 추측해 보세요   '**물 흐리다**'의 의미는 무엇일까요?

 '**물 흐리다**'라는 표현은 개구리가 강에 뛰어들어가자 물 색깔이 갈색으로 바뀐 것처럼 전체에 좋지 못한 영향을 끼치거나 분위기를 망쳤을 때 쓰이는 말이에요.

내용 체크

하늘
도서관에서
떠드는 친구 때문에
도서관 **물이 흐려졌어**

승호
친구들과 재미있게 놀고
있었는데 엄마에게 전화가 와서
분위기가 **물이 흐려졌어**

민경
물이 흐려진 분위기를
다시 살리느라 너무
힘이 들었어

❶ 경험 나누기 — 친구들의 경험 들어보기

- 하늘이는 왜 도서관에서 물이 흐려졌다고 했나요?
- 승호는 누구 때문에 물이 흐려졌다고 했나요?
- 민경이는 무엇 때문에 힘이 들었다고 이야기하나요?

의미 check — 비슷한 의미 표현 알아보기

- **비슷한 말**: 분위기를 망치다 / 초를 치다

- 예
  - **분위기를 망치다**: 갑자기 나타난 벌 때문에 즐거운 분위기를 망쳤어요
  - **초를 치다**: 입이 가벼운 내 친구는 항상 초를 치며 분위기를 망쳐요

❷ 경험 나누기 — 내 경험 이야기하기

1. 내 주변에 물이 흐려지게 만드는 사람이 있나요? (예 / 아니오)
2. 그 사람을 보면 어떤 기분이 드나요?
3. 물이 흐려지게 된 상황을 보게 되면 나는 어떻게 이야기하나요?
4. 그렇게 하지 않으려면 좋을까요?

 **다시 체크**

1. 다음 문장을 보고 알맞은 것에는 O, 틀린 것에는 X 하세요.
   ① 나는 물이 흐려진 채로 친구들과 신나게 놀았어요. (   )
   ② 동연이는 현장 체험 학습 중에 말없이 사라져 물을 흐리고 말았어요. (   )
   ③ 몰래 준비한 깜짝 파티를 친구가 알게 되어 분위기가 물이 흐려졌어요. (   )
   ④ 갖고 싶었던 선물을 받은 시헌이의 기분이 흐려진 물처럼 신이 났어요. (   )
   ⑤ 엄마가 화를 내며 소리를 질러서 물을 흐린 분위기가 좋아졌어요. (   )
   ⑥ 수업 시간에 물을 흐리고 다니는 찬호 때문에 선생님이 화가 났어요. (   )

2. 다음 보기에서 '물 흐리다'와 비슷한 의미를 찾아 ○ 표시하세요.

   > **보기** 발이 작다 / 분위기를 망치다 / 고개를 들다 / 분위기를 살피다

3. 다음을 보고 '물 흐리다'와 뜻이 다른 문장을 고르세요. (   )
   ① **기분이 좋아진** 은찬이는 친구를 만나러 가기로 했어요.
   ② 숙제를 하고 있는데 동생이 들어와서 **놀자고 해요**.
   ③ 수민이는 동생이 분위기를 **이상하게 만들까 봐** 걱정되었어요.
   ④ 기대했던 마술 공연이 취소되어 가족들의 **눈치를 살폈어요**.
   ⑤ 아빠는 발표회 **분위기가 산만해질까 봐** 걱정했어요.

4. 다음 보기를 보고 공통으로 들어갈 말을 찾아 골라보세요. (   )

   > **보기** (   ) 더 이상 재미있게 놀 수 없어
   > (   ) 말을 꺼내기가 어렵게 됐어
   > (   ) 우리가 다음에 만나기는 어려울 것 같아

   ① 물이 흐려져서   ② 물 쓰듯 하는 바람에   ③ 물불을 가리지 않고   ④ 물 위의 기름처럼

활용 체크

그림 이야기
1. 여기는 어디일까요? 지금은 무슨 시간인 것 같나요?
2. 남자친구는 지금 무엇을 하고 있나요?
3. 친구들의 반응은 어떤가요?
4. 선생님은 왜 화가 났나요?

경험 이야기
1. 내가 알고 있는 친구 중에 물을 흐리는 아이가 있었나요?
2. 공부시간에 물이 흐려지는 상황이 있었다면 어떤 일이었을까요?
3. 수업 시간에 흐려진 분위기를 바꾸려면 어떻게 해야 하나요?

목표 check
- 의미를 이해했나요?
- '물 흐리다'와 관련된 상황을 설명해 줄 수 있나요?

Q&A check check / 답안

1. ① X ② O ③ O ④ X ⑤ X ⑥ O | 2. 분위기를 망치다 | 3. 1번 | 4. 1번

PART 03
불

1	불 보듯 뻔하다	62
2	불똥이 튀다	66
3	불을 끄다	70
4	불을 지피다	74
5	불을 뿜다	78
6	강 건너 불구경하다	82

01 불 보듯 뻔하다

 생각 체크

❶ 이야기해 보세요 그림을 보고 그림에 대해서 이야기해 주세요.
- 램프에 불이 붙어 있어요.
- 돋보기를 들고 불을 보고 있어요.
- 불이 크게 보여요.
- 불을 보고 신기해 하는 것 같아요.

❷ 생각해 보세요 이 그림은 어떤 상황일까요?
- 자세히 보고 있는 것이 불이라는 것은 어떻게 알았나요?
- 친구는 왜 불을 보고 있을까요?
- ✔ 위 그림에서 **'불 보듯 뻔하게'** 보고 있는 친구에게 동그라미 해보세요.

❸ 추측해 보세요 '불 보듯 뻔하다'의 의미는 무엇일까요?

 '불 보듯 뻔하다'라는 표현은 앞으로 일어날 일이 의심할 여지가 없이 아주 확실한 상황에서 쓰는 말이에요.

내용 체크

경민
앞치마를 하지 않고 그림을 그리면 물감이 옷에 묻을 것이 **불 보듯 뻔해**

승빈
시험공부를 안 하다니 시험에 떨어질 것이 **불 보듯 뻔해**

아준
추운 겨울에 반팔을 입다니 감기에 걸릴게 **불 보듯 뻔해**

① 경험 나누기 — 친구들의 경험 들어보기
- 경민이가 앞치마를 하지 않고 그림을 그리면 무슨 일이 생길까요?
- 시험공부를 안 한 승빈이의 시험 결과는 어떻게 됐을까요?
- 아준이가 불 보듯 뻔하게 걸린 것은 무엇인가요?

의미 check — 비슷한 의미 표현 알아보기
- **비슷한 말:** 당연하다 / 예상하다

예
- **당연하다:** 밤늦게까지 놀던 온유는 당연히 늦잠을 자고 말았다
- **예상하다:** 치킨 배달이 늦을 것을 예상했다

② 경험 나누기 — 내 경험 이야기하기
1. 불 보듯 뻔한 상황을 경험한 적이 있었나요? (예 / 아니오)
2. 그런 상황은 왜 생겼을까요?
3. 이런 상황이 생기지 않으려면 어떻게 해야 할까요?
4. 이런 상황이 생겼을 때 내 기분은 어땠나요?

다시 체크

1. 다음 문장을 보고 알맞은 것에는 O, 틀린 것에는 X 하세요.

① 토끼와 달팽이의 달리기 시합에서 달팽이가 이기는 것은 불 보듯 뻔해요.   (   )
② 열심히 소리를 지르며 응원하던 승호는 불 보듯 뻔하게 목소리가 쉬고 말았어요. (   )
③ 매일 일찍 잤더니 불 보듯 뻔하게 키가 작아졌어요.   (   )
④ 받아쓰기 연습을 매일 한 재훈이는 불 보듯 뻔하게 100점을 맞았어요.   (   )
⑤ 밤늦게 잔 세호는 불 보듯 뻔하게 일찍 일어났어요.   (   )
⑥ 숙제를 모두 마친 동해는 불 보듯 뻔하게 선생님께 혼나고 말았어요.   (   )

2. 다음 보기에서 '불 보듯 뻔하다'와 같은 의미를 찾아 ○ 표시하세요.

> **보기** 당당하다 / 변하다 / 당연하다 / 망가지다 / 기억하다 / 당연하다

3. 다음을 보고 '불 보듯 뻔하다'와 뜻이 다른 문장을 고르세요. (   )

① 대한이는 **예상과 다르게** 꼴등을 하고 말았어요.
② 매일 지각하는 라희는 **오늘도 지각을 했어요**.
③ 우리 누나는 내일도 수영을 할 것이라고 **나는 예상해요**.
④ **매일 연습을 한** 시온이는 대회에서 1등을 했어요.
⑤ 달콤한 사탕을 먹고 **양치질을 안 했더니** 충치가 생겼어요.

4. 다음 보기를 보고 공통으로 들어갈 말을 찾아 골라보세요. (   )

> **보기** 밥을 많이 먹으면 과자를 못 먹을 것이 (   )
> 글씨를 많이 쓰면 손이 아플 것이 (   )
> 로희는 걸음이 느려서 버스를 타지 못할 것이 (   )

① 물 위의 기름 같아   ② 불똥이 튀어   ③ 손이 커   ④ 불 보듯 뻔해

활용 체크

그림 이야기
1. 그림은 무슨 상황인 것 같나요?
2. 왼쪽 친구는 무엇을 하고 있나요?
3. 오른쪽 친구의 기분은 어때 보이나요?
4. 이런 일이 없으려면 시험 전날에는 어떻게 해야 할까요?

경험 이야기
1. 미리 공부를 하지 않으면 무슨 일이 생기나요?
2. 시험을 잘 보려면 어떻게 해야 하나요?
3. 공부나 숙제를 하지 않아서 후회했던 적이 있었나요?

목표 check
- 의미를 이해했나요?
- **'불 보듯 뻔하다'**와 관련된 상황을 설명해 줄 수 있나요?

Q&A check check / 답안

1. ① X ② O ③ X ④ O ⑤ X ⑥ X | 2. 당연하다 | 3. 1번 | 4. 4번

02 불똥이 튀다

 생각 체크

1 이야기해 보세요   그림을 보고 그림에 대해서 이야기해 주세요.
- 깜깜한 밤이에요.
- 불꽃놀이를 하고 있어요.
- 왼쪽 친구의 불꽃이 더 커요.
- 왼쪽 친구의 불꽃이 튀어요.
- 오른쪽 친구가 당황해요.

2 생각해 보세요   이 그림은 어떤 상황일까요?
- 왼쪽 친구의 불똥이 누구에게 튀나요?
- 불똥이 옆 친구에게 튀었다는 사실을 어떻게 알았나요?
- ✓ 위 그림에서 '**불똥이 튄**' 친구에게 동그라미 해보세요.

3 추측해 보세요   '**불똥이 튀다**'의 의미는 무엇일까요?

 '**불똥이 튀다**'라는 표현은 노란색 옷을 입은 친구의 불똥이 옆의 친구에게 튄 것처럼 사건이나 말썽의 꼬투리가 엉뚱한 사람에게 피해를 줄 때 쓰이는 말이에요.

내용 체크

정후
동생이 양치를 안 하고 노는 바람에 **불똥이 튀어** 나까지 혼났어

은서
친구가 수업 시간에 갑자기 말을 시키는 바람에 가만히 있던 나에게 **불똥이 튀어** 혼났어

예린
벌을 받고 있던 태준이가 움직였는데 나한테 **불똥이 튀어서** 억울해

❶ 경험 나누기 — 친구들의 경험 들어보기

- 정후에게 불똥이 튄 이유는 무엇인가요?
- 은서는 수업 시간에 왜 혼이 났나요?
- 예린이에게 불똥이 튀어서 억울했던 상황은 무엇인가요?

의미 check — 비슷한 의미 표현 알아보기

- **비슷한 말:** 피해를 끼치다
- 예 – **피해를 끼치다:** 친구가 피해를 끼칠까 봐 걱정이 되었어요

❷ 경험 나누기 — 내 경험 이야기하기

1. 불똥이 튀어 혼났던 경험이 있었나요? (예 / 아니오)
2. 언제 불똥이 튄 경험을 했나요?
3. 그때의 감정은 어땠나요?
4. 내 친구 중에 자주 불똥이 튀게 하는 친구가 있나요?

다시 체크

1. 다음 문장을 보고 알맞은 것에는 O, 틀린 것에는 X 하세요.

① 기호는 친구들에게 불똥이 튈까 봐 끝까지 숙제를 다 했어요. (   )
② 주연이 때문에 나한테까지 불똥이 튈까 봐 가슴이 조마조마했어요. (   )
③ 친구들이 싸워서 불똥이 튀는 바람에 나까지 선생님께 칭찬을 받았어요. (   )
④ 동생이 잘못하여 불똥이 튄 경호는 억울한 마음에 울고 말았어요. (   )
⑤ 심부름을 잘 했다고 불똥이 튀어 기분이 좋았어요. (   )
⑥ 밥을 먹지 않는다고 불똥이 튄 나는 오해를 풀고 싶었어요. (   )

2. 다음 보기에서 '불똥이 튀다'와 비슷한 의미를 찾아 ○ 표시하세요.

> **보기** 노력하다 / 분위기를 살피다 / 손가락을 움직이다 / 피해를 받다

3. 다음을 보고 '불똥이 튀다'와 뜻이 다른 문장을 고르세요. (   )

① 나는 잘못이 없는데 **나까지 벌을 받게 돼서** 속상해요.
② 가만히 있었는데 갑자기 **밖으로 쫓겨나서** 짜증이 나요.
③ 언니 때문에 **피해를 받아** 짜증이 났어요!
④ 형 때문에 기분이 안 좋은 엄마는 나한테 **짜증을 부려서 억울했어요**.
⑤ 사촌 누나가 시골에 있는 할머니에게 전화를 해서 **칭찬을 받았어요**.

4. 다음 보기를 보고 공통으로 들어갈 말을 찾아 골라보세요. (   )

> **보기** 동생이 숙제를 안 해서 나에게 (   ) 이 문제집을 풀게 되었어
> 성율이가 버스에서 소리를 질러 (   ) 나까지 버스를 타지 못했어

① 물 위의 기름 같아   ② 불똥이 튀는 바람에   ③ 손이 커   ④ 불 보듯 뻔해

활용 체크

그림 이야기
1. 그림은 무슨 상황인 것 같나요?
2. 빨간 옷을 입은 친구가 혼나는 이유는 무엇인가요?
3. 엄마는 왜 화가 난 것 같나요?

경험 이야기
1. 친구 또는 형제가 잘못했을 때 옆에 있다가 혼났던 경험이 있나요?
2. 그때 내 기분은 어땠나요?
3. 같은 상황이 다시 생기면 어떻게 하고 싶나요?

목표 check
- 의미를 이해했나요?
- '불똥이 튀다'와 관련된 상황을 설명해 줄 수 있나요?

Q&A check check / 답안

1. ① O ② O ③ X ④ O ⑤ X ⑥ O | 2. 피해를 받다 | 3. 5번 | 4. 2번

03 불을 끄다

생각 체크

1 이야기해 보세요 — 그림을 보고 그림에 대해서 이야기해 주세요.
- 건물에 불이 났어요.
- 소방관이 불을 끄고 있어요.
- 사람들이 불이 났다고 소리를 지르고 있어요.

2 생각해 보세요 — 이 그림은 어떤 상황일까요?
- 불이 났다는 것을 어떻게 알았나요?
- 사람들은 왜 "불이야"라고 소리를 지르고 있나요?
- 불을 끄고 있다는 사실은 어떻게 알게 되었나요?
- ✔ 위 그림에서 '**불을 끄는**' 장면에 동그라미 해보세요.

3 추측해 보세요 — '**불을 끄다**'의 의미는 무엇일까요?

> '**불을 끄다**'라는 표현은 소방관들이 불이 난 건물에 빨리 불을 끄려고 하는 것처럼 급한 일을 처리하는 모습을 표현할 때 쓰이는 말이에요.

내용 체크

석민
옆 반 친구가 체육복을 빌려준 덕분에 **급한 불을** 끌 수 있었어

민하
떡볶이가 너무 매워서 우유로 **급한 불을 껐어**

선재
무릎에 상처가 나서 주머니에 있던 밴드로 **급한 불을 껐어**

❶ 경험 나누기 — 친구들의 경험 들어보기

- 체육복을 가져오지 못한 석민이는 어떻게 급한 불을 껐나요?
- 민하는 왜 우유로 급한 불을 껐나요?
- 선재가 급한 불을 껐던 상황은 무엇인가요?

의미 check — 비슷한 의미 표현 알아보기

- **비슷한 말:** 해결하다

  예 – **해결하다:** 언니가 도와준 덕분에 숙제를 해결할 수 있었다

❷ 경험 나누기 — 내 경험 이야기하기

1. 급한 불을 꺼본 경험이 있었나요? (예 / 아니오)
2. 그런 경험이 언제 있었나요?
3. 급한 불을 끈 다음 나의 기분은 어땠나요?
4. 평소에 급하게 불을 끄지 않으려면 어떻게 하면 좋을까요?

다시 체크

1. 다음 문장을 보고 알맞은 것에는 O, 틀린 것에는 X 하세요.

① 가방이 필요한 은호는 급한 불을 끄기 위해 옆집에서 자동차 장난감을 빌려왔어요. (   )

② 배가 고픈 이준이는 급한 불을 끄기 위해 아무것도 먹지 않았어요. (   )

③ 친구가 빌려준 준비물로 급한 불을 끌 수 있었어요. (   )

④ 급한 불을 끄기 위해 은서는 성냥불로 불을 더 키웠어요. (   )

⑤ 안경을 잃어버린 나연이는 급한 불을 끄기 위해 안경점에 갔어요. (   )

⑥ 화장실에서 볼일을 보던 민하는 화장지가 없어 옆 사람에게 빌려 급한 불을 껐어요. (   )

2. 다음 보기에서 '불을 끄다'와 비슷한 의미를 찾아 ○ 표시하세요.

> **보기** 설명하다 / 해결하다 / 마무리하다 / 잠을 자다

3. 다음을 보고 '불을 끄다'와 뜻이 다른 문장을 고르세요. (   )

① 옆집 아주머니가 빌려주신 휴지 덕분에 **바닥을 빨리 닦을** 수 있었어요.

② 친구가 숙제에 대해 이야기해 주어서 **얼른 숙제를 할 수 있었어요**.

③ **전화를 급하게 끊은** 성민이는 학교에 늦지 않아 안도의 한숨을 내쉬었어요.

④ 과자를 **빨리 뜯을 수 있게** 도와준 보아 덕분에 접시에 과자를 얼른 담았어요.

⑤ 준비물을 **미리 사둔 덕분에** 숙제를 완성했어요.

4. 다음 보기를 보고 공통으로 들어갈 말을 찾아 골라보세요. (   )

> **보기** 태풍이 일으킨 문제의 (   ) 우리는 열심히 노력했어요
> 배가 아파서 급한 (   ) 화장실을 찾아다녔어요

① 밥 먹듯 하다   ② 물이 쏟아지다   ③ 눈에 불을 켜고   ④ 불을 끄기 위해

그림 이야기
1. 그림은 무슨 상황인 것 같나요?
2. 노란 옷을 입은 친구는 왜 울고 있을까요?
3. 노란 옷을 입은 친구가 주황색 옷을 입은 친구에게 고맙다고 한 이유는 무엇일까요?

경험 이야기
1. 친구에게 급하게 물건을 빌려본 경험이 있나요?
2. 그런 일에서 도와주었던 것은 누구였나요?
3. 이런 일이 또 생기지 않으려면 어떻게 해야 좋을까요?

목표 check
- 의미를 이해했나요?
- '불을 끄다'와 관련된 상황을 설명해 줄 수 있나요?

Q&A check check / 답안

1. ① X ② X ③ O ④ X ⑤ O ⑥ O | 2. 해결하다 | 3. 5번 | 4. 4번

04 불을 지피다

생각 체크

1 이야기해 보세요 — 그림을 보고 그림에 대해서 이야기해 주세요.
- 왼쪽 그림은 겨울이에요.
- 눈이 내리고 추워요.
- 소녀는 성냥을 들고 있어요.
- 성냥으로 불을 켰어요.

2 생각해 보세요 — 이 그림은 어떤 상황일까요?
- 친구가 추위를 피하기 위해 어떻게 했나요?
- 성냥불을 킨 아이는 왜 웃고 있을까요?
- ✔ 위 그림에서 '**불을 지피는**' 장면에 동그라미 해보세요.

3 추측해 보세요 — '불을 지피다'의 의미는 무엇일까요?

> '**불을 지피다**'라는 표현은 '원인이나 기회가 되어 어떠한 일이 활발하게 일어나'는 것을 표현 할 때 많이 사용하는 말이에요

내용 체크

윤서
아이스크림을 사준다는 언니의 말이 게으른 윤서 마음에 **불을 지폈어요**

이서
'1등 선물은 자전거'라는 엄마의 말은 운동을 안 하는 나의 마음에 **불을 지피고** 말았어요

아랑
내 마음에 **불을 지핀** 종현이 덕분에 1등을 할 수 있었어요

❶ 경험 나누기 — 친구들의 경험 들어보기

- 게으른 윤서의 마음에 불을 지폈던 언니의 말은 무엇인가요?
- 이서는 엄마의 어떤 말에 운동을 열심히 하게 되었나요?
- 아랑이 마음에 불을 지핀 사람은 누구 인가요?

의미 check — 비슷한 의미 표현 알아보기

- **비슷한 말:** 계기가 되다 / 부추기다

  - **계기가 되다:** 도윤이가 1등을 한 것이 계기가 되어 나도 그림을 그리기 시작했다
  - **부추기다:** 정리를 해야 하는 나에게 친구가 자꾸 놀자고 부추겨요

❷ 경험 나누기 — 내 경험 이야기하기

1. 내가 무언가를 열심히 했던 경험이 있나요? (예 / 아니오)
2. 그 일은 무엇인가요?
3. 그 일의 결과는 어떻게 되었나요?

1. 다음 문장을 보고 알맞은 것에는 O, 틀린 것에는 X 하세요.

① 공부를 하고 있는 나에게 동생이 놀자고 내 마음에 불을 지펴요. (   )
② 정상에 도착했다는 은주의 말은 내 승부욕에 불을 지피고 말았어요. (   )
③ 친구는 불을 지피며 불을 끄려고 소화기를 찾아요. (   )
④ 강아지가 불을 지피며 잠을 자요. (   )
⑤ 엄마는 불을 지피지 않고 고기를 구웠어요. (   )
⑥ 예나는 숙제를 하는 나에게 떡볶이를 먹자며 불을 지펴요. (   )

2. 다음 보기에서 '불을 지피다'와 비슷한 의미를 찾아 ○ 표시하세요.

> **보기** 해결하다 / 부추기다 / 끝이나다 / 부끄러워하다

3. 다음을 보고 '불을 지피다'와 뜻이 다른 문장을 고르세요. (   )

① 자전거를 타고 오면 벌칙이 있다고 해서 **긴장됐어요**.
② 빵을 사왔다는 엄마의 말에 하늘이는 집에 **빨리 가고 싶어 졌어요**.
③ 10시에 **선물이 도착한다고** 전화가 와서 빨리 집에 가고 있어요.
④ 감자를 다 캐면 **감자튀김을 만들 수 있다는** 소식을 듣고 빨리 감자를 캐기로 했어요.
⑤ 형이 **재미없는 이야기를 들려준다고** 해서 빨리 침대에 누웠어요.

4. 다음 보기를 보고 공통으로 들어갈 말을 찾아 골라보세요. (   )

> **보기** 장난을 치려고 (   ) 시후를 보니까 짜증이 나요
> 내 마음에 (   ) 친구 덕분에 책을 10권 읽을 수 있었어요

① 땀을 흘리다　　② 설레다　　③ 불을 지피는　　④ 불을 끄려고

그림 이야기
1. 친구는 지금 무엇을 하고 있는 중인가요?
2. 친구의 엄마는 친구에게 어떤 이야기를 했나요?
3. 친구가 열심히 연습하는 이유는 무엇인가요?

경험 이야기
1. 나는 무언가를 열심히 하기로 결심해 본 적이 있나요?
2. 무언가를 열심히 하게 되면 어떤 점이 좋을까요?
3. 이후에 해보고 싶거나 도전해 보고 싶은 일이 있나요?

목표 check
- 의미를 이해했나요?
- '불을 지피다'와 관련된 상황을 설명해 줄 수 있나요?

Q&A check check / 답안

1. ① O ② O ③ X ④ X ⑤ X ⑥ O | 2. 부추기다 | 3. 5번 | 4. 3번

05 불을 뿜다

생각 체크

① 이야기해 보세요   그림을 보고 그림에 대해서 이야기해 주세요.
- 공룡이 하늘을 날아가요.
- 공룡의 입에서 불이 나오고 있어요.
- 친구들이 공룡을 보고 있어요.

② 생각해 보세요   이 그림은 어떤 상황일까요?
- 공룡이 하늘에서 무엇을 하고 있나요?
- 공룡이 불을 뿜으면 어떻게 될까요?
- 친구들은 왜 공룡을 바라보고 있을까요?
- ✔ 위 그림에서 '**불을 뿜는**' 것에 동그라미 해보세요.

③ 추측해 보세요   '불을 뿜다'의 의미는 무엇일까요?

> '**불을 뿜다**'라는 표현은 공룡이 불을 내뿜으면서 하늘을 올라가는 것처럼, 열기나 기세가 센 상황에서 사용하는 표현이에요.

내용 체크

재경
불을 뿜는듯한
은석이의 목소리 때문에
귀가 아팠어

민경
불을 뿜으며
열정적으로 대회에 참여한
우리 아빠 때문에 내가 민망했어

은아
우리 오빠는 날씬해지려고
불을 뿜으며 운동을 했어

❶ 경험 나누기 — 친구들의 경험 들어보기

- 재경이는 왜 귀가 아팠다고 했나요?
- 민경이의 아빠가 불을 뿜으며 참여한 것은 무엇인가요?
- 은아의 오빠가 불을 뿜으며 운동을 한 이유는 무엇인가요?

의미 check — 비슷한 의미 표현 알아보기

- **비슷한 말:** 열정
- **예** - **열정:** 나는 우리의 고모의 열정을 따라갈 수 없어!

❷ 경험 나누기 — 내 경험 이야기하기

1. 나는 불을 뿜을 듯이 열심히 해 본 경험이 있나요? (예 / 아니오)
2. 그 경험은 무엇이었나요?
3. 그때 나를 도와준 사람이 있었나요? 누구였나요?
4. 불을 뿜으며 무언가를 했을 때 어떤 기분이 들었나요?

다시 체크

1. 다음 문장을 보고 알맞은 것에는 O, 틀린 것에는 X 하세요.

① 옆집에서 불을 뿜는 것처럼 큰 소리로 소리를 질렀어요.   (   )
② 감기에 걸린 연서가 불을 뿜듯 기침을 계속했어요.   (   )
③ 내 동생은 불을 뿜으며 조용히 잠을 자고 있어요.   (   )
④ 우리 소율이는 언제나 불을 뿜으며 잠을 자요.   (   )
⑤ 장기 자랑에서 불을 뿜으며 노래와 춤을 추어요.   (   )
⑥ 1등을 하고 싶은 은호는 불을 뿜으며 달리기를 했어요.   (   )

2. 다음 보기에서 '불을 뿜다'와 비슷한 의미를 찾아 ○ 표시하세요.

> **보기** 재미있다 / 무기력하다 / 힘이 약하다 / 열정이 넘치다 / 신이 나다

3. 다음을 보고 '불을 뿜다'와 뜻이 다른 문장을 고르세요. (   )

① **열정이 가득**한 우리 아빠는 무엇이든지 열심히 해요.
② 힘이 넘치는 삼촌 덕분에 **엄청 빠른 시간 안에** 물건을 고쳤어요.
③ 물고기를 잡기 위해 **준비물을 한가득 준비**했어요.
④ 여름방학 때 수영장에 갈 거라고 **작은 목소리로** 이야기했어요.
⑤ 아침부터 **소리를 크게 지르는** 엄마 때문에 잠에서 깼어요.

4. 다음 보기를 보고 공통으로 들어갈 말을 찾아 골라보세요. (   )

> **보기** 솜사탕을 1등으로 받기 위해 (   ) 달려갔어요
> 은진이는 과자선물을 받으려고 (   ) 연습했어요

① 불을 뿜으며   ② 불을 지피며   ③ 눈을 감고   ④ 소리를 지르며

활용 체크

그림 이야기
1. 친구가 있는 곳은 지금 어디인가요?
2. 친구가 큰 소리로 이야기하고 있는 이유는 무엇일까요?
3. 웅변대회에서는 왜 큰 소리로 이야기해야 할까요?
4. 친구는 어떤 내용을 말하고 있을까요?

경험 이야기
1. 불을 뿜을 듯이 발표를 해 본 경험이 있나요?
2. 웅변대회나 발표를 할 때 기분은 어땠었나요?

목표 check
- 의미를 이해했나요?
- '불을 뿜다'와 관련된 상황을 설명해 줄 수 있나요?

Q&A check check / 답안

1. ① O ② O ③ X ④ X ⑤ O ⑥ O | 2. 열정이 넘치다 | 3. 4번 | 4. 1번

06 강 건너 불구경하다

💡 생각 체크

1 이야기해 보세요 그림을 보고 그림에 대해서 이야기해 주세요.
- 집에 불이 났어요.
- 친구는 집 반대편에 있어요.
- 친구는 강 앞에 있어요.
- 친구는 과자를 먹고 있어요.

2 생각해 보세요 이 그림은 어떤 상황일까요?
- 불이 난 집 앞에 있는 사람들의 마음은 어떨까요?
- 친구는 강 앞에서 무엇을 하고 있나요?
- 친구의 표정은 어때 보이나요?
- ✔ 위 그림에서 '**강 건너 불구경하는**' 친구에게 동그라미 해보세요.

3 추측해 보세요 '**강 건너 불구경하다**'의 의미는 무엇일까요?

 '**강 건너 불구경하다**'라는 표현은 강 반대편에서 과자를 먹으며 불이 난 것을 구경하는 친구처럼 어떤 일에 대해 직접 관련되지 않고 지켜보기만 하는 모습을 표현할 때 쓰이는 말이에요.

내용 체크

은정
은정이는 **강 건너 불구경하듯** 친구들이 싸우는 것을 봤어

예나
길에서 넘어진 나를 보고 **강 건너 불구경하듯** 아무도 도와주지 않았어

도연
체육 선생님이 **강 건너 불구경하듯** 힘들게 달리기 하는 우리를 보고 계셨어

❶ 경험 나누기 — 친구들의 경험 들어보기

- 은정이는 친구들이 싸우는 것을 어떻게 쳐다봤나요?
- 예나가 길에서 넘어지자 사람이 어떻게 했나요?
- 도연이네 체육 선생님은 강 건너 불구경하듯 누구를 보았나요?

의미 check — 비슷한 의미 표현 알아보기

- **비슷한 말:** 방관하다 / 무관심하다 / 지켜보다

예
- **방관하다:** 경찰 아저씨들은 너무 바쁜 나머지 우리를 방관했어요
- **무관심하다:** 우리 아빠는 나를 무관심하게 쳐다봤어요
- **지켜보다:** 할아버지가 내가 움직이는 모습을 가만히 지켜보셨어요

❷ 경험 나누기 — 내 경험 이야기하기

1. 강 건너 불구경했던 적이 있나요? (예 / 아니오)
2. 어떤 상황이었나요?
3. 친구들이 나를 볼 때 강 건너 불구경하는 것처럼 보면 기분이 어떨까요?

다시 체크

1. 다음 문장을 보고 알맞은 것에는 O, 틀린 것에는 X 하세요.

① 윤석이는 TV를 강 건너 불구경하듯 재미있게 보았어요. (   )
② 엄마는 싸우는 사람들을 강 건너 불구경하듯 보기만 하셨어요. (   )
③ 옷 가게에서 치마를 강 건너 불구경 하 듯 관심 있게 보았어요. (   )
④ 사람들이 무대에 있는 나를 강 건너 불구경하듯 보았어요. (   )
⑤ 강 건너 불구경하듯 우리를 보는 친구들 때문에 민망했어요. (   )
⑥ 친구랑 강 건너 불구경하듯 보며 사이좋게 놀았어요. (   )

2. 다음 보기에서 '강 건너 불구경하다'와 비슷한 의미를 찾아 ○ 표시하세요.

> **보기** 지켜보다 / 설명하다 / 친하게 지내다 / 관심이 있다

3. 다음을 보고 '강 건너 불구경하다'와 뜻이 다른 문장을 고르세요. (   )

① 아영이는 넘어져 있는 친구를 보고도 **모르는 척 하며** 뛰어갔어요.
② 산책을 하는 강아지가 너무 귀여워서 **계속 쳐다보았어요.**
③ 서랍 속에 있는 팔찌를 찾는 언니를 보았지만 **도와주지 않았어요.**
④ 동생이 도와달라고 나를 불렀지만 **듣지 못한 것처럼** 숨었어요.
⑤ 발표를 하려고 손을 들었는데 **친구들이 책을 보고만 있었어요.**

4. 다음 보기를 보고 공통으로 들어갈 말을 찾아 골라보세요. (   )

> **보기** 발을 동동 구르는 친구를 보고 (   ) 모른 척했어요
> (   ) 달리기를 하는 친구를 보고만 있었어요

① 눈에 불을 켜고   ② 화를 내면서   ③ 강 건너 불구경하듯   ④ 불을 끄려고

활용 체크

그림 이야기
1. 그림은 무슨 상황인 것 같나요?
2. 친구들은 무엇을 하고 있나요? 왜 싸우고 있을까요?
3. 아이스크림을 먹고 있는 친구는 지금 무슨 생각을 하고 있을까요?
4. 내가 아이스크림을 먹고 있는 친구라면 어떻게 해야 할까요?

경험 이야기
1. 친구들이 싸우는 것을 본 적이 있나요? (예 / 아니오)
2. 친구들이 싸우는 것을 보았을 때 어떻게 해야 하나요?

목표 check
- 의미를 이해했나요?
- '**강 건너 불구경하다**'와 관련된 상황을 설명해 줄 수 있나요?

Q&A check check / 답안

1. ① X ② O ③ X ④ X ⑤ O ⑥ X | 2. 지켜보다 | 3. 2번 | 4. 3번

PART 03 | 불

PART 04
바람

1	찬 바람을 일으키다	88
2	바람을 맞다	92
3	바람을 넣다	96
4	바람을 쐬다	100

01 찬바람을 일으키다

생각 체크

1 이야기해 보세요   그림을 보고 그림에 대해서 이야기해 주세요.

- 추운 겨울이에요. 눈사람도 있어요.
- 친구가 추워해요.
- 모자 쓴 친구가 아이스크림을 줘요.
- 친구가 기분이 안 좋아 보여요.

2 생각해 보세요   이 그림은 어떤 상황일까요?

- 겨울에는 날씨가 어떠한가요?
- 여자 친구의 표정은 어떤가요?
- 여자친구의 기분이 좋지 않은 이유는 무엇일까요?
- 추운 겨울에 아이스크림을 먹으면 기분이 어떨까요?
- ✔ 위 그림에서 **'찬바람을 일으키는'** 사람을 동그라미 해보세요.

3 추측해 보세요   **'찬바람을 일으키다'**의 의미는 무엇일까요?

> **'찬바람을 일으키다'**는 '차갑고 냉담한 태도를 드러내다'라는 뜻이에요. 상대방에 대해 쌀쌀하고 부정적인 반응을 보일 때, 분위기가 좋지 않을 때 많이 사용해요.

내용 체크

수연
나는 돈을 빌려달라는 친구의 부탁에 **찬바람을 일으키며** 거절했다

희성
친구들이 수업시간에 너무 시끄럽게해서 선생님이 **찬바람을 일으키며** 밖으로 나가셨다

하준
형이 엄마에게 밥이 맛없다고 불만을 이야기하자 분위기가 **찬바람을 일으키듯** 서늘해졌다

① 경험 나누기 — 친구들의 경험 들어보기

- 수연이가 찬바람을 일으키며 거절한 친구의 부탁은 무엇인가요?
- 희성이의 선생님이 찬바람을 일으키며 교실에서 나간 이유는 무엇인가요?
- 하준이의 형이 엄마에게 불만을 말하자 분위기가 어떻게 되었나요?

의미 check — 비슷한 의미 표현 알아보기

- **비슷한 말:** 싸늘하다 / 찬바람을 맞다

  예
  - **싸늘하다:** 오늘 전학 온 친구는 성격이 매우 싸늘해서 무서운 느낌이 든다
  - **찬바람을 맞다:** 코로나로 인해 우리 가게는 찬바람을 맞았다

② 경험 나누기 — 내 경험 이야기하기

1. 나는 친구들에게 찬바람을 일으키며 행동했던 적이 있나요? (예 / 아니오)
2. 어떤 상황에서 그렇게 행동했었나요?
3. 그때 내 감정은 어땠나요?
4. 다른 사람이 찬바람을 일으키며 나를 대한 적이 있나요? 그때 내 기분은 어땠나요?

 **다시 체크**

1. 다음 문장을 보고 알맞은 것에는 O, 틀린 것에는 X 하세요.

① 나는 오랜만에 만난 친구를 보고 찬바람을 일으키며 반가워했어요. (　　)
② 누나는 망가진 가방을 보고 찬바람을 일으키며 화를 냈어요. (　　)
③ 책을 많이 읽고 선물을 받아 기분이 좋아서 찬바람을 일으켰어요. (　　)
④ 찬바람을 일으키며 나타난 엄마의 등장으로 우린 얼어붙었다. (　　)
⑤ 낮잠을 자던 동생을 깨우는 바람에 우리 집에는 찬바람이 일었어요. (　　)
⑥ 소연이는 경호의 고백을 찬바람 일으키며 거절했다. (　　)

2. 다음 보기에서 '찬바람을 일으키다'와 같은 의미를 찾아 ○ 표시하세요.

> **보기** 편안하다 / 분위기가 가라앉다 / 분위기가 좋다 / 따스하다 / 따갑다

3. 다음을 보고 '찬바람을 일으키다'와 뜻이 다른 문장을 고르세요. (　　)

① 내 친한 친구가 갑자기 나에게 **차갑게 굴어서** 당황스러웠어요.
② 처음 본 그 여자는 나에게 **매우 쌀쌀해서** 말을 할 수 없었어요.
③ 내가 형이랑 다투고 나서 집안의 분위기가 **차갑게 가라앉았어요.**
④ 우리 아빠의 성격은 **불같이 뜨거워요.**
⑤ 동생이랑 장난치다가 엄마의 화분을 깨뜨려서 **분위기가 살벌해졌어요.**

4. 다음 보기를 보고 공통으로 들어갈 말을 찾아 골라보세요. (　　)

> **보기** 형의 게임기를 망가뜨려 형은 (　　)
> 친구들이 숙제를 해오지 않아 선생님께서 (　　)
> 기대하고 봤던 영화가 재미가 없어서 내 마음에 (　　)

① 바람을 쐬다　　② 봄바람이 오다　　③ 찬바람을 일으켰다　　④ 바람이 들다

그림 이야기
1. 그림은 무슨 상황인가요?
2. 오른쪽 친구는 왜 웃지 않는 모습일까요?
3. 친구의 차가운 반응에 왼쪽 친구는 어떻게 했을까요?

경험 이야기
1. ○○이 친구들 중에서 자주 찬바람을 일으키는 친구가 있나요?
2. 친구나 가족이 기분이 안 좋거나 무관심한 태도일 때 어떻게 하면 풀어질 수 있나요?
3. 친구를 웃길 수 있는 몸동작이나 표정을 보여줄 수 있나요?

목표 check
- 의미를 이해했나요?
- '찬바람을 일으키다'와 관련된 상황을 설명해 줄 수 있나요?

Q&A check check / 답안

1. ① X ② O ③ X ④ O ⑤ O ⑥ O | 2. 분위기가 가라앉다 | 3. 4번 | 4. 3번

02 바람을 맞다

생각 체크

1. 이야기해 보세요

그림을 보고 그림에 대해서 이야기해 주세요.

- 친구에게 떡볶이를 먹자고 말해요.
- 떡볶이집에 혼자 왔어요.
- 친구는 오지 않았어요.
- 친구 표정이 좋지 않아요.

2. 생각해 보세요

이 그림은 어떤 상황일까요?

- 이 친구는 어떨까요?
- 왜 기분이 좋지 않을까요?
- 친구는 왜 약속 장소에 나오지 않았을까요?
- ✓ 위 그림에서 '**바람을 맞은**' 친구에게 동그라미 해보세요.

3. 추측해 보세요

'바람을 맞다'의 의미는 무엇일까요?

 '**바람을 맞다**'는 친구와 약속했는데 친구가 약속 장소에 안 나왔을 때처럼 어떤 사람이 상대가 만날 약속을 지키지 않아서 헛걸음했을 때 쓰는 말이에요.

내용 체크

선화
친구랑 놀이터에서 놀기로 했는데 친구가 학원을 일찍 가서 **바람을 맞았다**

송이
좋아하는 남자친구에게 같이 영화를 보자고 했는데 **바람을 맞아** 속상했다

재연
같이 옷을 사러 가기로 했던 친구에게 **바람을 맞아서** 혼자 옷을 사러 갔다

---

1 경험 나누기 　친구들의 경험 들어보기

- 선화가 친구에게 바람맞은 이유는 무엇인가요?
- 좋아하는 친구에게 바람을 맞은 송이는 어떤 마음이었나요?
- 재연이는 왜 혼자 옷을 사러 갔나요?

의미 check 　비슷한 의미 표현 알아보기

- **비슷한 말:** 헛걸음하다
  - **예** - **헛걸음하다:** 친구랑 맛있는 식당에 왔는데 문이 닫혀있어서 헛걸음을 했다

- **반대말:** 약속을 지키다
  - **예** - **약속을 지키다:** 엄마와의 약속을 지키고 원하는 것을 얻었다

2 경험 나누기 　내 경험 이야기하기

1. 나는 친구나 가족에게 바람을 맞은 적이 있나요? (예 / 아니오)
2. 친구 또는 가족은 왜 약속을 지키지 않았나요?
3. 그때 나의 감정은 어땠나요?
4. 만약 친구와의 약속을 자주 잊어버린다면 친구들은 어떨까요?

 **다시 체크**

1. 다음 문장을 보고 알맞은 것에는 O, 틀린 것에는 X 하세요.

   ① 언니가 나와의 약속을 잊고 나오지 않아 바람을 맞았어요. (   )
   ② 친구에게 바람을 맞고 신나서 자전거를 탔어요. (   )
   ③ 오빠는 신나는 마음으로 친구를 만나러 갔다가 바람을 맞고 화가 났어요. (   )
   ④ 약속을 잊어 자주 바람 맞히는 아빠에게 벌금을 받기로 했어요. (   )
   ⑤ 친구에게 바람을 맞고 기분이 좋아서 같이 쇼핑을 했어요. (   )
   ⑥ 나는 친구와 만나기로 한 약속을 못 지키고 바람을 맞혔어요. (   )

2. 다음 보기에서 '바람을 맞다'와 같은 의미를 찾아 ○ 표시하세요.

   > **보기** 약속을 지키지 않다 / 쌀쌀하다 / 아프다 / 약속을 지키다 / 시원하다

3. 다음을 보고 '바람을 맞다'와 뜻이 다른 문장을 고르세요. (   )

   ① 친구가 **약속을 지키지 않아** 기분이 좋지 않았어요.
   ② 할아버지는 **날씨가 시원하다며** 밖에 나가자고 했어요.
   ③ 약속 장소에 나갔는데 친구가 **나오지 않아 헛걸음했어요**.
   ④ 영지는 오늘 만나기로 한 친구를 **못 만나서** 시무룩해졌어요.
   ⑤ 친구가 나오지 않아 전화를 했더니 **약속을 깜박했대요**.

4. 다음 보기를 보고 공통으로 들어갈 말을 찾아 골라보세요. (   )

   > **보기** 날씨가 추운 탓에 약속이 취소되어 (   )
   > 친구를 만나기로 했는데 (   )
   > 언니는 남자친구에게 (   ) 매우 속상했다

   ① 바람을 맞았다   ② 바람을 막았다   ③ 비가 내렸다   ④ 비를 맞았다

> **활용 체크**

> **그림 이야기**
> 1. 그림은 무슨 상황인가요?
> 2. 오른쪽 친구는 전화를 받고 왜 놀란 표정을 하고 있나요?
> 3. 왼쪽 친구는 왜 화가 났을까요?

> **경험 이야기**
> 1. 약속을 깜박했던 경험이 있나요?
> 2. 약속을 잊지 않으려면 어떻게 해야 좋을까요?
> 3. 약속을 깜박했을 때 기다리는 친구에게 뭐라고 말해야 할까요?

> **목표 check**
> - 의미를 이해했나요?
> - '바람을 맞다'와 관련된 상황을 설명해 줄 수 있나요?

Q&A check check / 답안

1. ① O ② X ③ O ④ O ⑤ X ⑥ O | 2. 약속을 지키지 않다 | 3. 2번 | 4. 1번

03 바람을 넣다

생각 체크

1 이야기해 보세요   그림을 보고 그림에 대해서 이야기해 주세요.
- 친구가 책을 읽고 있어요.
- 파란색 옷을 입은 친구가 TV를 가리키고 있어요.
- TV에서 만화가 나오고 있어요.
- 파란색 옷을 입은 친구가 바람을 불고 있어요.

2 생각해 보세요   이 그림은 어떤 상황일까요?
- 파란색 옷을 입은 친구가 뭐라고 말을 하고 있나요?
- 주황색 옷을 입은 친구는 어떤 마음일 것 같나요?
- ✔ 위 그림에서 '**바람을 넣고**' 있는 아이에게 동그라미 해보세요.

3 추측해 보세요   '바람을 넣다'의 의미는 무엇일까요?

> '바람을 넣다'라는 표현은 공부를 하는 친구에게 만화를 보자고 이야기하는 친구처럼 다른 사람을 부추겨서 무슨 행동을 하려는 마음이 생기는 상황을 표현할 때 쓰는 말이에요.

내용 체크

정아
주은이가 게임을 하자고 **바람을 넣어서** 숙제를 하지 못했어

진성
너는 이제 **바람 좀 그만 넣어!** 나 이제 공부할 거야!

예준
내가 좋아하는 감자를 캐러 농장에 가자고 **바람을 넣어서** 같이 가기로 했어

❶ 경험 나누기 — 친구들의 경험 들어보기

- 정아가 숙제를 하지 못 한 이유는 무엇인가요?
- 진성이가 바람을 그만 넣으라고 한 이유는 무엇인가요?
- 예준이는 왜 감자를 캐러 가기로 했나요?

의미 check — 비슷한 의미 표현 알아보기

- **비슷한 말:** 옆구리를 찌르다 / 부추기다

    예 - **옆구리를 찌르다:** 친구가 옆구리를 찌르는 바람에 나도 발표를 하게 되었어
    - **부추기다:** 선생님의 열정이 나를 부추겼어요

❷ 경험 나누기 — 내 경험 이야기하기

1. 바람을 넣는 바람에 갑자기 하게 된 일이 있나요? (예 / 아니오)
2. 누가 ○○이에게 바람을 넣었나요?
3. 그 일은 무엇이었나요?
4. 누가 바람을 넣는다면 나는 어떻게 하는 것이 좋을까요?

 **다시 체크**

1. 다음 문장을 보고 알맞은 것에는 O, 틀린 것에는 X 하세요.
   ① 승우가 노래 부르러 가자고 바람을 넣어서 노래방을 가기로 약속했어. (   )
   ② 엄마가 제주도에 가고 싶다고 바람을 넣어서 비행기 표를 예약했어. (   )
   ③ 베짱이는 개미에게 일하지 말라고 바람을 넣었대. (   )
   ④ 엄마가 바람을 넣어 만들어준 인형이 사라졌어요. (   )
   ⑤ 성호가 바람을 넣어서 나도 안 하던 운동을 시작했어. (   )
   ⑥ 바람을 넣었더니 풍선이 터졌어요. (   )

2. 다음 보기에서 '바람을 넣다'와 같은 의미를 찾아 ○ 표시하세요.

   > **보기** 깜빡 거리다 / 신이 나다 / 옆구리를 찌르다 / 긴장되다

3. 다음을 보고 '바람을 넣다'와 뜻이 다른 문장을 고르세요. (   )
   ① **바람이 빠진** 풍선이 날아가요.
   ② 온유가 노래를 배우는 곳이 재미있다며 나보고 같이 **가자고 했어**.
   ③ 형이 놀이공원이 재미있다고 **계속 이야기해서** 나도 놀이공원에 **가고 싶은 마음이 생겼어**.
   ④ 다이어트를 하는 중인데 **치킨을 먹자고** 친구가 이야기해요.
   ⑤ 선생님께서 춤을 추고 싶은 내 마음을 **부추겼어**!

4. 다음 보기를 보고 공통으로 들어갈 말을 찾아 골라보세요. (   )

   > **보기** 공부를 하는 호연이에게 (   ) 같이 게임을 했어요
   > 친구에게 (   ) 같이 연극을 보러 왔어요

   ① 바람이 불어서   ② 눈물이 나서   ③ 해가 서쪽에서 뜨는 바람에   ④ 바람을 넣어서

활용 체크

그림 이야기
1. 왼쪽 친구는 심부름을 가고 있는 오른쪽 친구에게 뭐라고 하고 있나요?
2. 오른쪽 친구는 무엇을 하고 싶은 것 같나요?
3. 오른쪽 친구가 뽑기를 해서 가지고 싶은 것은 무엇일까요?

경험 이야기
1. 엄마의 심부름을 하지 않고 다른 일을 해본 적이 있나요?
2. 엄마가 시킨 심부름에는 어떤 것이 있었나요?
3. 친구가 놀고 가라고 ○○이에게 바람을 넣으면 뭐라고 말하는 것이 좋을까요?

목표 check
- 의미를 이해했나요?
- '바람을 넣다'와 관련된 상황을 설명해 줄 수 있나요?

Q&A check check / 답안

1. ① O ② O ③ O ④ X ⑤ O ⑥ X | 2. 옆구리를 찌르다 | 3. 1번 | 4. 4번

04 바람을 쐬다

생각 체크

1 이야기해 보세요   그림을 보고 그림에 대해서 이야기해 주세요.
- 친구가 시험에서 0점을 맞았어요.
- 친구가 슬퍼 보여요.
- 친구가 강아지 산책을 해요.
- 바람이 불고 있어요.

2 생각해 보세요   이 그림은 어떤 상황일까요?
- 친구가 바람을 쐬고 있다는 사실은 어떻게 알 수 있었나요?
- 친구가 바람을 쐬러 간 이유는 무엇일까요?
- 바람을 쐬고 난 친구의 기분은 어떻게 바뀌었을까요?
✓ 위 그림에서 '**바람을 쐬고**' 있는 아이에게 동그라미 해보세요.

3 추측해 보세요   '바람을 쐬다'의 의미는 무엇일까요?

 '**바람을 쐬다**'라는 표현은 0점을 맞은 친구가 강아지 산책을 하는 것처럼 기분을 바꾸기 위해 바깥이나 다른 곳을 다니는 모습을 표현할 때 쓰는 말이에요.

내용 체크

로건
만들기 숙제를 하다가 힘이 들어서 **바람을 쐬러** 아이스크림을 사러 왔어

선경
마음이 속상해서 **바람을 쐬러** 공원으로 산책을 하러 갈 거야

소은
아빠의 기분이 좋지 않아서 엄마가 **바람 쐬러** 가자고 이야기하셨어

① 경험 나누기 — 친구들의 경험 들어보기

- 로건이는 왜 아이스크림을 사러 갔나요?
- 선경이가 바람을 쐬려고 간 곳은 어디인가요?
- 소은이의 엄마는 왜 바람을 쐬러 가자고 이야기하셨나요?

의미 check — 비슷한 의미 표현 알아보기

- **비슷한 말**: 기분 전환을 하다 / 분위기를 바꾸다

  예
  - **기분 전환을 하다**: 기분 전환을 하기 위해 나는 피자를 주문했어요
  - **분위기를 바꾸다**: 슬퍼진 분위기를 바꾸기 위해 재미있는 이야기를 시작했어요

② 경험 나누기 — 내 경험 이야기하기

1. 기분이 좋지 않아서 바람을 쐬러 간 적이 있나요? (예 / 아니오)
2. 그 일은 무엇이었나요?
3. 그때 ○○이가 기분이 좋아지기 위해 한 일은 무엇이었나요?
4. 화나거나 속상한 기분이 좋아지게 하려면 어떤 방법이 있을까요?

 **다시 체크**

1. 다음 문장을 보고 알맞은 것에는 O, 틀린 것에는 X 하세요.

① 은찬이가 바람을 쐬러 바닷가에 가자고 해요.   (   )

② 바람을 쐬고 싶어서 집에만 있었어요.   (   )

③ 숙제 때문에 혼이 나서 바람을 쐬러 운동장에 갔어요. (   )

④ 공부를 하다가 바람을 쐬러 마트로 갔어요.   (   )

⑤ 연수는 친구와 바람을 쐬기 위해 선풍기를 켜요.   (   )

⑥ 바람을 쐬고 나면 온몸이 따뜻해져요.   (   )

2. 다음 보기에서 '바람을 쐬다'와 비슷한 의미를 찾아 ○ 표시하세요.

> **보기** 잠을 자다 / 눈물이 나다 / 마음이 급하다 / 분위기를 바꾸다

3. 다음을 보고 '바람을 쐬다'와 뜻이 다른 문장을 고르세요. (   )

① 화장실을 다녀왔더니 아까보다 **분위기가 즐거워졌어**.

② 놀이공원에 다녀온 친구는 **슬퍼 보여요**.

③ 기분이 안 좋았는데 맛있는 음식을 먹으니까 **행복해졌어**.

④ 여행을 다녀왔더니 기분이 **좋아졌어**.

⑤ 분위기를 **바꾸기 위해** 웃긴 춤을 추었어요.

4. 다음 보기를 보고 공통으로 들어갈 말을 찾아 골라보세요. (   )

> **보기** 아영이와 함께 (   ) 마음이 편안해졌어요
> 식당에서 밥을 먹으며 (   ) 기분이 조금 좋아졌어요

① 바람을 쐬었더니   ② 물 위의 기름처럼   ③ 바람을 부추겨서   ④ 뜬구름을 잡았더니

활용 체크

그림 이야기
1. 아저씨가 떠난 장소는 어디인 것 같나요?
2. 아저씨는 왜 여기에 왔을까요?
3. 아저씨의 얼굴 표정을 보니 지금 기분은 어떤 것 같나요?

경험 이야기
1. 바람을 쐬러 다른 곳으로 놀러 가본 적이 있나요?
2. 기분을 바꾸기 위해 놀러 가는 것 말고 다른 방법이 무엇이 있을까요?
3. 내 기분을 즐겁게 해주는 것은 무엇인가요?

목표 check
- 의미를 이해했나요?
- '바람을 쐬다'와 관련된 상황을 설명해 줄 수 있나요?

Q&A check check / 답안

1. ① O ② X ③ O ④ O ⑤ X ⑥ X | 2. 분위기를 바꾸다 | 3. 2번 | 4. 1번

PART 05
비 구름 해

1	구름같이 모여들다	106
2	뜬구름을 잡다	110
3	비가 오나 눈이 오나	114
4	비 오듯 하다	118
5	해가 서쪽에서 뜨다	122
6	빛을 보다	126

01 구름같이 모여들다

생각 체크

❶ 이야기해 보세요   그림을 보고 그림에 대해서 이야기해 주세요.
- 사람들이 마술공연을 보고 있어요.
- 많은 사람들이 모여 있어요.
- 모자에서 새가 나왔어요.
- 사람들이 즐거워하는 모습이에요.

❷ 생각해 보세요   이 그림은 어떤 상황일까요?
- 사람들은 왜 모였을까요?
- 마술을 보는 사람들의 기분은 어떨까요?
- ✔ 위 그림에서 '**구름같이 모여든**' 사람들을 찾아 동그라미 해보세요.

❸ 추측해 보세요   '구름같이 모여들다'의 의미는 무엇일까요?

> '**구름같이 모여들다**'는 마술공연에 사람들이 많이 모여 구경을 하듯이 어느 장소에 사람들이 '한꺼번에 많이 모여든다.'라는 뜻으로 쓰는 말이에요.

내용 체크

지유
친구가 캐릭터 스티커를 들고 와서 같은 반 친구들이 **구름같이 모여들었어**

예솔
시장에 장 보러 온 손님들이 **구름같이 모여들어** 엄마를 잃어버렸던 적이 있어

지영
축구를 보러 경기장에 갔더니 사람들이 **구름같이 모여** 응원을 하고 있었어

① 경험 나누기 — 친구들의 경험 들어보기

- 지유네 반 친구들이 구름같이 모인 이유는 무엇인가요?
- 예솔이는 시장에서 왜 엄마를 잃어버렸었나요?
- 지영이가 경기장에 갔을 때 구름같이 모여든 사람들이 무엇을 하고 있었나요?

의미 check — 비슷한 의미 표현 알아보기

- **비슷한 말:** 검은 구름(먹구름)이 몰려온다

  예 - 검은 구름(먹구름)이 몰려온다:
  안 좋은 일만 일어나는 걸 보니 검은 구름이 몰려오는 것 같다

- **반대말:** 구름같이 사라지다

  예 - 구름같이 사라지다: 그 많던 사람들이 구름같이 사라졌다

② 경험 나누기 — 내 경험 이야기하기

1. 나는 사람들이 '구름같이 모여든' 곳에 가본 적이 있나요? (예 / 아니오)
2. 사람들이 왜 모여 있었나요?
3. 사람들이 구름같이 모여있을 때 어떤 마음이 드나요?
4. 사람들은 언제 구름같이 모여드나요?

 **다시 체크**

1. 다음 문장을 보고 알맞은 것에는 O, 틀린 것에는 X 하세요.

    ① 놀이공원에 사람들이 구름같이 모여들어서 텅텅 비어있었어요.   (   )
    ② 우리는 점심시간에 급식실로 구름같이 모여들었어요.   (   )
    ③ 공원에 멋진 가수가 나타나서 사람들이 구름같이 모여들었어요.   (   )
    ④ 사람들이 구름같이 모여있는 곳은 조용하고 한가로웠어요.   (   )
    ⑤ 학교 운동장에는 학생들이 구름같이 모여 차례차례 줄을 섰어요.   (   )
    ⑥ 식당에 사람들이 구름같이 모여들어 앉을 자리가 없었어요.   (   )

2. 다음 보기에서 '구름같이 모여들다'와 같은 의미를 찾아 ○ 표시하세요.

    > **보기** 조용하다 / 솜사탕 같다 / 큰 소리를 내다 / 썰렁하다 / 한꺼번에 많이 모이다

3. 다음을 보고 '구름같이 모여들다'와 뜻이 다른 문장을 고르세요. (   )

    ① 마트에서 세일하는 방송을 듣고 **손님들이 가득** 찼어요.
    ② 밤늦은 시간에는 식당에 **사람들이 별로 없어서** 썰렁했어요.
    ③ 인기가 많은 장소엔 항상 **사람들이 많이 모여있어요**.
    ④ 불꽃 축제에 많은 **사람들이 모여** 매우 복잡했어요.
    ⑤ 공연장에 공연을 보러 온 **사람들로 북적북적**했어요.

4. 다음 보기를 보고 공통으로 들어갈 말을 찾아 골라보세요. (   )

    > **보기** 트로트 가수를 보고 아주머니들이 (   )
    > 크리스마스 선물을 받기 위해 아이들이 (   )
    > 물놀이를 하기 위해 여기저기에서 (   )

    ① 구름이 걷혔다   ② 구름처럼 사라졌다   ③ 구름같이 모여들었다   ④ 먹구름 끼었다

그림 이야기
1. 그림은 무슨 날인가요?
2. 친구들이 구름같이 모여든 이유는 무엇인가요?
3. 선물 안에는 어떤 것들이 들어있을까요?

경험 이야기
1. ○○이도 선물을 받은 적이 있나요?
2. 왜 선물을 받았었나요?
3. 생일이나 어린이날에 받고 싶은 선물이 있나요?

목표 check
- 의미를 이해했나요?
- '구름같이 모여들다'와 관련된 상황을 설명해 줄 수 있나요?

check check / 답안

1. ① X ② O ③ O ④ X ⑤ O ⑥ O | 2. 한꺼번에 많이 모이다 | 3. 2번 | 4. 3번

02 뜬구름을 잡다

생각 체크

1 이야기해 보세요   그림을 보고 그림에 대해서 이야기해 주세요.
- 여자친구는 한숨을 쉬고 있어요.
- 사다리를 타고 올라갔어요.
- 사다리에 올라간 친구가 구름을 잡으려고 해요.
- 구름을 보고 솜사탕을 생각하고 있어요.

2 생각해 보세요   이 그림은 어떤 상황일까요?
- 친구가 생각하는 것은 무엇인가요?
- 친구가 잡으려고 하는 것은 무엇인 것 같나요?
- 여자 친구는 왜 한숨을 쉬고 있나요?
- ✔ 위 그림에서 '**뜬구름 잡는**' 친구에게 동그라미 해보세요.

3 추측해 보세요   '뜬구름을 잡다'의 의미는 무엇일까요?

 '**뜬구름을 잡다**'라는 표현은 사다리를 타고 올라가서 솜사탕을 생각하며 구름을 잡으려고 하는 친구처럼 막연하거나 허황된 것을 따라간다는 상황을 표현할 때 쓰는 말이에요.

내용 체크

현주
친구는 100원을 넣으면 1000원을 준다는 기계가 있다며 뜬구름 잡는 소리를 했다

해윤
나는 엄마에게 "이번 시험에 꼴등을 했지만 다음에는 1등을 할 거야"라고 말했더니 엄마가 "뜬구름 잡는 소리 하네!"라고 했어요

용규
내가 아이돌이 되겠다고 했더니 뜬구름 잡는 소리를 한다며 아빠가 꿀밤을 때리셨다

❶ 경험 나누기 — 친구들의 경험 들어보기

- 현주의 친구가 말한 뜬구름 잡는 소리는 무엇인가요?
- 해윤이의 엄마가 "뜬구름 잡는 소리 하네!"라고 한 이유는 무엇인가요?
- 용규가 아이돌이 되겠다고 하자, 아빠가 꿀밤을 때리며 하신 이야기는 무엇인가요?

의미 check — 비슷한 의미 표현 알아보기

- **비슷한 말:** 헛소리를 하다 / 허풍을 떨다

  예
  - **헛소리를 하다:** 동생은 잠꼬대를 하며 이상한 헛소리를 했다
  - **허풍을 떨다:** 우리 형은 만날 말도 안 되는 허풍을 떤다

❷ 경험 나누기 — 내 경험 이야기하기

1. 나의 주변에 '뜬구름 잡는' 이야기를 많이 하는 사람이 있나요? (예 / 아니오)
2. 어떤 이야기를 들었나요?
3. 이야기를 들은 나의 기분은 어땠나요?
4. '뜬구름 잡는' 이야기를 하는 친구에게 뭐라고 말하고 싶나요?

 **다시 체크**

1. 다음 문장을 보고 알맞은 것에는 O, 틀린 것에는 X 하세요.

① 뜬구름 잡는 이야기는 사람들이 믿어주지 않아. (　　)
② 너의 꿈은 정말 멋지구나! 뜬구름 잡는 이야기였어. (　　)
③ 상상 속의 이야기처럼 뜬구름 잡는 소리는 그만해. (　　)
④ 엄마에게 선물을 받고 뜬구름 잡은 것처럼 기분이 좋아요. (　　)
⑤ 누나의 이야기가 뜬구름을 잡는 것 같아서 너무 당황스러워요. (　　)
⑥ 뜬구름 잡는 소리를 자주 하는 아빠의 말을 아무도 믿지 않아요. (　　)

2. 다음 보기에서 '뜬구름을 잡다'와 같은 의미를 찾아 ○ 표시하세요.

> **보기** 진실 되다 / 정확하다 / 믿음이 강하다 / 당황스럽다

3. 다음을 보고 '뜬구름을 잡다'와 뜻이 다른 문장을 고르세요. (　　)

① 네가 하는 말은 너무 거짓말 같아서 **못 믿겠어**.
② 그 친구는 항상 진실만 이야기를 해서 **믿음직해**.
③ 그게 가능할까? **너무 말도 안 되는 말** 같아.
④ 내일까지 할 수 있다고? 절대 못해 **헛소리하지 마**.
⑤ 백수가 꿈이라니 정말 **황당한** 꿈이야.

4. 다음 보기를 보고 공통으로 들어갈 말을 찾아 골라보세요. (　　)

> **보기** 말도 안 되게 (　　) 소리 하지 마. 믿지 않아!
> 게으른 네가 새벽에 운동을 하겠다니 (　　) 소리네

① 강 건너 불구경하는　② 뜬구름 잡는　③ 먹구름 몰려오는　④ 하늘을 찌르는

활용 체크

그림 이야기
1. 친구는 무엇을 발표하는 중인가요?
2. 친구가 뜬구름 잡으며 한 말은 무엇인가요?
3. 친구의 이야기는 왜 뜬구름 잡는 이야기인가요?

경험 이야기
1. ○○이의 꿈은 무엇인가요? 무엇이 되고 싶나요?
2. ○○가 그 꿈을 이루고 싶은 이유는 무엇인가요?
3. 꿈을 이루기 위해서 어떤 것들을 하면 좋을까요?

목표 check
- 의미를 이해했나요?
- '뜬구름을 잡다'와 관련된 상황을 설명해 줄 수 있나요?

Q&A check check / 답안

1. ① O ② X ③ O ④ X ⑤ O ⑥ O | 2. 당황스럽다 | 3. 2번 | 4. 2번

03 비가 오나 눈이 오나

💡 생각 체크

1 이야기해 보세요   그림을 보고 그림에 대해서 이야기해 주세요.

- 붕어빵 아저씨가 있어요.
- 비가 오는데 붕어빵을 팔고 있어요.
- 눈이 오는데 붕어빵을 팔고 있어요.
- 붕어빵을 계속 팔고 있는 것 같아요.

2 생각해 보세요   이 그림은 어떤 상황일까요?

- 붕어빵은 어떤 계절에 많이 파는 음식인가요?
- 그림 속 붕어빵 아저씨는 붕어빵을 언제 팔고 있나요?
- ✔ 위 그림에서 '**비가 오나 눈이 오나**' 계속 팔고 있는 것에 동그라미 해보세요.

3 추측해 보세요   '비가 오나 눈이 오나'의 의미는 무엇일까요?

> '**비가 오나 눈이 오나**'라는 표현은 비가 오나 눈이 오나 붕어빵을 파는 아저씨처럼 아무리 어려움이 있어도 한결같은 상황을 표현할 때 사용하는 말이에요.

내용 체크

은석
경비 아저씨는
비가 오나 눈이 오나
항상 웃으며 인사해 주셔

정민
우리 아빠의 비가 오나 눈이
오나 운동하는 모습을 보면
존경스러워

채원
채원이의 누나는
비가 오나 눈이 오나
열심히 그림을 그린다고 들었어

❶ 경험 나누기 — 친구들의 경험 들어보기

- 은석이네 경비 아저씨는 비가 오나 눈이 오나 어떻게 인사해 주시나요?
- 정민이는 아빠가 왜 존경스럽다고 했나요?
- 채원이의 누나가 비가 오나 눈이 오나 무엇을 한다고 했나요?

의미 check — 비슷한 의미 표현 알아보기

- **비슷한 말:** 항상 / 한결같다

  예
  - **항상:** 축구 경기를 보러 가면 항상 축구 선수들이 있다
  - **한결같다:** 은주는 한결같이 매일 강아지와 산책을 한다

❷ 경험 나누기 — 내 경험 이야기하기

1. 나의 주변에 '비가 오나 눈이 오나' 한결같은 사람이 있나요? (예 / 아니오)
2. 그 사람은 누구인가요?
3. 나는 무언가를 '비가 오나 눈이 오나' 한결같이 해본 경험이 있나요?
4. 그 경험은 무엇이었나요?

 **다시 체크**

1. 다음 문장을 보고 알맞은 것에는 O, 틀린 것에는 X 하세요.

   ① 너는 비가 오나 눈이 오나 열심히 하는구나.   (   )
   ② 우리 엄마는 비가 오나 눈이 오나 내 간식을 챙겨주셔.   (   )
   ③ 비가 오나 눈이 오나 매일 강아지 산책을 해요.   (   )
   ④ 조심성이 없는 재호는 비가 오나 눈이 오나 뛰어다니지 않아요.   (   )
   ⑤ 선생님은 비가 오나 눈이 오나 꼭 학교에 오라고 하셨어요.   (   )
   ⑥ 규하는 비가 오나 눈이 오나 처음으로 지각했어요.   (   )

2. 다음 보기에서 '비가 오나 눈이 오나'와 같은 의미를 찾아 ○ 표시하세요.

   보기 성실하지 않다 / 한결같다 / 모습이 바뀌다 / 변덕스럽다

3. 다음을 보고 '비가 오나 눈이 오나'와 뜻이 다른 문장을 고르세요. (   )

   ① 슈퍼마켓의 아주머니는 **항상** 친절 하셔.
   ② 우리 동네 공원에는 고양이가 **언제나** 있어.
   ③ 우리 언니는 **매일매일** 영어 공부를 해.
   ④ 책을 **자주 보지 않으니까** 무슨 내용인지 모를 수밖에!
   ⑤ 대상이라니 축하해! 네가 **꾸준히** 연습 한 결과야!

4. 다음 보기를 보고 공통으로 들어갈 말을 찾아 골라보세요. (   )

   보기 (   ) 운동한 덕분에 다이어트에 성공했어
           (   ) 매일 학교에 간 덕분에 개근상을 받았어

   ① 눈이 내리는 중에   ② 하늘이 깜깜해져   ③ 비가 오나 눈이 오나   ④ 비가 자꾸 내려

그림 이야기
1. 친구는 지금 무엇을 하고 있나요?
2. 친구가 달리기를 하고 있는 계절을 말해보세요.
3. 친구가 운동을 하지 않는 계절이 있나요?

경험 이야기
1. ○○이가 빠짐없이 하는 일은 무엇이 있나요?
2. 그 일이나 행동을 하고 나면 어떤 마음이 드나요?
3. 해야 할 일을 열심히 하고 나면 어떤 결과가 있을까요?

목표 check
- 의미를 이해했나요?
- '비가 오나 눈이 오나'와 관련된 상황을 설명해 줄 수 있나요?

Q&A check check / 답안

1. ① O ② O ③ O ④ X ⑤ O ⑥ X | 2. 한결같다 | 3. 4번 | 4. 3번

03 비 오듯 하다

생각 체크

❶ 이야기해 보세요 그림을 보고 그림에 대해서 이야기해 주세요.
- 땀이 많이 나요.
- 여자와 남자가 뛰어가고 있어요.
- 햇빛이 뜨거워서 더워요.

❷ 생각해 보세요 이 그림은 어떤 상황일까요?
- 사람들이 왜 땀을 흘리고 있나요?
- 사람들이 땀이 많이 난다는 것을 어떻게 알 수 있나요?
- ✔ 위 그림에서 '비 오듯 흘리는' 땀에 동그라미 해보세요.

❸ 추측해 보세요 '비 오듯 하다'의 의미는 무엇일까요?

 '비 오듯 하다'는 그림처럼 운동을 열심히 해서 땀이 많이 나거나 슬퍼서 눈물이 줄줄 쏟아질 때 쓰이거나 화살이나 총알이 많이 날아오거나 떨어질 때에도 쓰는 말이에요.

내용 체크

혜정
이번 여름은 너무 더운 것 같아 집에 오는데 **비 오듯** 땀이 쏟아져서 옷이 다 젖었네

지오
어제 영화를 보고 내용이 너무 슬퍼서 눈물이 **비 오듯** 흘려서 눈이 퉁퉁 부었다

규성
자전거를 타고 나서 얼굴에 땀이 **비 오듯 해** 그래서 세수를 하고 와야겠어

① 경험 나누기 — 친구들의 경험 들어보기

- 혜정이의 옷이 다 젖은 이유는 무엇인가요?
- 지오가 눈물을 비 오듯 흘려서 눈이 어떻게 되었나요?
- 규성이는 무엇을 하다가 얼굴에 땀이 비 오듯 했나요?

의미 check — 비슷한 의미 표현 알아보기

- **비슷한 말:** 아주 많이

  예 - **아주 많이:** 비가 아주 많이 내렸어요

② 경험 나누기 — 내 경험 이야기하기

1. 땀이나 눈물이 비 오듯 흘렀던 적이 있나요? (예 / 아니오)
2. 어떤 상황이었나요?
3. 그때 기분은 어땠나요?
4. 내 주변에 땀이 나 눈물이 비 오듯 흘렸던 사람이 있었나요?

 **다시 체크**

1. 다음 문장을 보고 알맞은 것에는 O, 틀린 것에는 X 하세요.

   ① 운동장에서 축구를 하고 났더니 비 오듯 땀이 흘렀다. (　　)
   ② 양파껍질을 벗기다가 너무 매워서 눈물이 비 오듯 했다. (　　)
   ③ 책이 너무 재미있어서 비 오듯 눈물이 흘렀다. (　　)
   ④ 온몸에 땀이 비 오듯 흘리던 동생은 집에 오자마자 씻었다. (　　)
   ⑤ 할머니 집 천장에 물이 새어 비 오듯 줄줄 흘러내렸다. (　　)
   ⑥ 오늘은 꽤 시원한 날씨라서 땀이 비 오듯 흐른다. (　　)

2. 다음 보기에서 '비 오듯 하다'와 같은 의미를 찾아 ○ 표시하세요.

   보기　어둡다 / 많이 내리다 / 적다 / 풍성하다 / 위로하다

3. 다음을 보고 '비 오듯 하다'와 뜻이 다른 문장을 고르세요. (　　)

   ① 수학 문제에 틀린 것이 많아 채점하는데 **엄청 많은 비가 내렸어요**.
   ② 친한 친구가 이사를 가게 되어 **눈물을 펑펑 흘렸어요**.
   ③ 더운 낮에 놀이터에서 놀다 보니 온몸이 **땀에 흠뻑 젖었어요**.
   ④ 엄마한테 혼나고 억울해서 눈물이 **장맛비처럼 쏟아졌어요**.
   ⑤ 잠깐 동안 마스크를 썼더니 코에 땀이 **조금 맺혔어요**.

4. 다음 보기를 보고 공통으로 들어갈 말을 찾아 골라보세요. (　　)

   보기　찜질방에서 한참 동안 있던 엄마는 땀이 (　　)
   　　　　친구들 앞에서 발표를 할 때 너무 떨려서 땀이 (　　)
   　　　　엄마가 내 소중한 장난감을 버려 아쉬운 마음에 눈물이 (　　)

   ① 멈췄어요　　② 땅이 꺼졌어요　　③ 비가 오락가락했어요　　④ 비 오듯 했어요

활용 체크

그림 이야기
1. 친구는 왜 눈물이 비 오듯 흐르고 있나요?
2. 친구의 마음은 어떤 것 같나요?
3. 강아지에게 무슨 일이 일어났을까요?

경험 이야기
1. ○○이는 강아지를 키우나요? (예/ 아니오)
2. 강아지를 키우면 좋은 점은 무엇이 있을까요?
3. 강아지와 외출할 때 강아지가 위험하지 않도록 하려면 어떻게 해야 하나요?
4. 강아지 외에 키우고 싶은 동물이나 식물이 있나요?

목표 check
- 의미를 이해했나요?
- '비 오듯 하다'와 관련된 상황을 설명해 줄 수 있나요?

Q&A check check / 답안

1. ① O ② O ③ X ④ O ⑤ O ⑥ X | 2. 많이 내리다 | 3. 5번 | 4. 4번

PART 05 | 비, 구름, 해

04 해가 서쪽에서 뜨다

생각 체크

1 이야기해 보세요   그림을 보고 그림에 대해서 이야기해 주세요.
- 친구가 그림을 보고 있어요.
- 해는 동쪽에서 뜬대요.
- 그림은 서쪽에서 해가 뜨고 있어요.
- 그림이 이상한 것 같아요.

2 생각해 보세요   이 그림은 어떤 상황일까요?
- 친구는 왜 갸우뚱하고 있나요?
- 해가 어느 방향에서 뜨는지 어떻게 알 수 있나요?
- ✔ 위 그림에서 '**해가 서쪽에서 뜨는**' 그림에 동그라미 해보세요.

3 추측해 보세요   '해가 서쪽에서 뜨다'의 의미는 무엇일까요?

> '**해가 서쪽에서 뜨다**'라는 표현은 '해는 동쪽에서 뜬다'라는 설명과 다르게 해가 서쪽에서 뜨는 그림처럼, 전혀 예상할 수 없었던 일이나 절대로 있을 수 없는 일이 일어났을 때 사용하는 말이에요.

내용 체크

재민
늦잠을 자는 나은이가
새벽에 일어나다니!
해가 서쪽에서 뜨겠어!

준희
책을 안 읽는 우리 언니가
갑자기 책을 읽기 시작했어
해가 서쪽에서 떴나 봐

성현
규하가 매일 하던
컴퓨터 게임을 끊다니
해가 서쪽에서 뜨는 거 아니야?

1 경험 나누기 친구들의 경험 들어보기

- 해가 서쪽에서 뜬 나은이의 행동은 무엇인가요?
- 준희는 책을 갑자기 읽는 언니를 보며 무슨 말을 했나요?
- 규하가 한 해가 서쪽에서 뜬 행동은 무엇인가요?

의미 check 비슷한 의미 표현 알아보기

- **비슷한 말**: 의외이다

  예 - **의외이다**: 은석이가 그런 말을 했다고? 너무 의외야!

2 경험 나누기 내 경험 이야기하기

1. 해가 서쪽에서 뜬 것처럼 행동했던 적이 있나요? (예 / 아니오)
2. 그 일은 무엇인가요?
3. 예상할 수 없었던 일이 일어났을 때 기분은 어땠나요?
4. 그때 누가 도와준다고 하면 기분이 어떨까요? 내 표정을 그려보세요.

다시 체크

1. 다음 문장을 보고 알맞은 것에는 O, 틀린 것에는 X 하세요.

① 치마만 입던 은경이가 바지를 입다니 해가 서쪽에서 뜨나 봐! ( )
② 매일 오던 민경이가 오질 않다니 해가 서쪽에서 뜰지도 몰라. ( )
③ 해가 서쪽에서 뜨는지 갑자기 산책을 하기 시작했어요. ( )
④ 매일 공부하는 재호가 해가 서쪽에서 뜨는지 오늘도 공부를 했어. ( )
⑤ 해가 서쪽에서 뜨려고 하는지 항상 하던 일을 했어. ( )
⑥ 편식을 하던 영정이가 음식을 모두 먹다니 내일은 해가 서쪽에서 뜰 건가 봐. ( )

2. 다음 보기에서 '해가 서쪽에서 뜨다'와 같은 의미를 찾아 ○ 표시하세요.

> **보기** 숨어버리다 / 신이 나다 / 깜빡하다 / 예상하지 못하다

3. 다음을 보고 '해가 서쪽에서 뜨다'와 뜻이 다른 문장을 고르세요. ( )

① 성운이가 1등을 하다니 **예상했던 결과야!**
② 누워만 있던 동생이 **갑자기** 공부를 시작했어.
③ 거북이보다 토끼가 늦게 도착하다니 **예상하지 못했어.**
④ 세모인 줄 알았는데 동그라미였다고? **상상하지 못한 모양**이야.
⑤ 영석이가 재호보다 늦게 도착했다니 **믿을 수 없어!**

4. 다음 보기를 보고 공통으로 들어갈 말을 찾아 골라보세요. ( )

> **보기** 영재는 ( ) 모습을 보여주려고 안 하던 줄넘기를 시작했어
> 갑자기 안 먹던 비타민을 먹다니 ( ) 중 인가 봐

① 해가 서쪽에서 뜨는　　② 바람을 쐬고　　③ 비가 오나 눈이 오나　　④ 깜빡 거리는

그림 이야기
1. 친구는 지금 무엇을 하고 있는 중인가요?
2. 엄마는 왜 놀란 표정을 짓고 있나요?
3. 엄마는 무슨 생각을 하고 있을까요?
4. 평소에 친구는 방 정리를 잘하는 친구였을까요? 아니라면 그렇게 생각한 이유는 무엇일까요?

경험 이야기
1. 해가 서쪽에서 뜰 정도로 평소와 다르게 엉뚱한 일을 하는 사람을 본 적이 있나요?
2. 스스로 방 청소나 장난감 정리를 해본 적이 있나요?
3. 그럴 때 어떤 기분이 들었나요? 엄마나 아빠의 반응은 어땠나요?

목표 check
- 의미를 이해했나요?
- '해가 서쪽에서 뜨다'와 관련된 상황을 설명해 줄 수 있나요?

check check / 답안

1. ① O ② O ③ O ④ X ⑤ X ⑥ O | 2. 예상하지 못하다 | 3. 1번 | 4. 1번

05 빛을 보다

생각 체크

1 이야기해 보세요   그림을 보고 그림에 대해서 이야기해 주세요.

- 곰이 겨울에 동굴에서 겨울잠을 자요.
- 곰이 봄에 빛을 보고 있어요.
- 곰이 동굴에서 나왔어요.

2 생각해 보세요   이 그림은 어떤 상황일까요?

- 곰이 겨울잠을 자고 있는 그림은 무슨 계절인가요?
- 곰이 동굴 밖으로 나와서 보고 있는 것은 무엇인가요?
- ✔ 위 그림에서 '**빛을 보고 있는**' 곰에게 동그라미 해보세요.

3 추측해 보세요   '빛을 보다'의 의미는 무엇일까요?

 '**빛을 보다**'는 '업적이나 보람 따위가 드러나다.'라는 뜻이에요. 열심히 노력한 것에 대해 좋은 결과를 얻거나, 반대 입장을 설득하여 생각을 바꾸게 했을 때 표현하는 말이에요.

내용 체크

아영
주말 동안 구구단을 열심히 외웠더니 선생님이 칭찬을 해 주셔서 내 노력이 **빛을 본 것** 같아 뿌듯했다

주안
피구 연습을 한 번도 안 빠지고 열심히 한 우리 팀은 결국 1등을 해서 **빛을 보았다**

채희
그동안 열심히 운동해서 날씬해진 나를 보고 삼촌이 "드디어 **빛을 보는구나**"라고 하셨어

① 경험 나누기 — 친구들의 경험 들어보기

- 아영이의 노력이 빛을 봐서 마음이 어땠나요?
- 주안이의 팀은 어떻게 빛을 보았나요?
- 채희가 삼촌에게 들은 말은 무엇인가요?

의미 check — 비슷한 의미 표현 알아보기

- **비슷한 말:** 열매를 맺다 / 희망을 보다

- **예**
  - **열매를 맺다:** 그렇게 열심히 공부를 하더니 아주 좋은 열매를 맺었구나
  - **희망을 보다:** 내가 되고 싶은 꿈을 위해 열심히 노력하다 보면 희망이 보일 거야!

② 경험 나누기 — 내 경험 이야기하기

1. 나는 무언가를 노력해서 빛을 본 적이 있나요? (예 / 아니오)
2. 어떤 것들이 있었나요?
3. 그때 기분은 어땠나요?
4. 어떻게 노력했나요?

 **다시 체크**

1. 다음 문장을 보고 알맞은 것에는 O, 틀린 것에는 X 하세요.
    ① 고장 난 장난감을 여러 번 고치고 난 후에 드디어 빛을 보았다. (   )
    ② 게을리 숙제를 하고 공부를 열심히 하지 않아 빛을 보았다. (   )
    ③ 빛을 보기 전에 뭐든 열심히 노력해야 한다. (   )
    ④ 아빠와 약속을 지킨 끝에 장난감을 살 수 있는 빛을 보았다. (   )
    ⑤ 손이 아프도록 피아노를 연습해서 대회 날 빛을 보았다. (   )
    ⑥ 빛을 보자마자 눈이 부셔 커튼을 쳤다. (   )

2. 다음 보기에서 '빛을 보다'와 같은 의미를 찾아 ○ 표시하세요.

    > **보기** 어둠이 깔리다 / 나쁜일이 생기다 / 좋은 일이 있다 / 떨어지다

3. 다음을 보고 '빛을 보다'와 뜻이 다른 문장을 고르세요. (   )
    ① 어려운 사람들을 위해 봉사를 하다 보니 나에게 **좋은 일이 생겼다**.
    ② 아빠가 여행을 반대해서 열심히 설득하여 **허락을 받았다**.
    ③ 불가능했던 일을 노력하다 보니 **가능하게 만들어졌다**.
    ④ 낮이 되니 해가 떠서 방이 매우 **밝아졌다**.
    ⑤ 게임기는 안 된다고 하시던 엄마는 내가 열심히 공부하는 모습을 보고 **생각이 바뀌셨다**.

4. 다음 보기를 보고 공통으로 들어갈 말을 찾아 골라보세요. (   )

    > **보기** 우리 반 친구들이 열심히 만든 게시판은 엄마 아빠 앞에서 (   )
    > 달리기 연습을 꾸준히 해서 운동회 날에 (   )

    ① 빛을 가리다　　② 빛을 막았다　　③ 빛을 보았다　　④ 빛을 비추다

활용 체크

그림 이야기
1. 왼쪽 그림은 무엇을 하는 그림인가요?
2. 친구가 줄넘기 대회에서 빛을 볼 수 있었던 이유는 무엇인가요?
3. 상을 받은 친구의 기분은 어떤가요?

경험 이야기
1. ○○이는 줄넘기를 해 본 적이 있나요?
2. 줄넘기가 잘 안될 때 마음은 어떨까요?
3. 어떻게 해야 줄넘기를 잘할 수 있을까요?

목표 check
- 의미를 이해했나요?
- '빛을 보다'와 관련된 상황을 설명해 줄 수 있나요?

Q&A check check / 답안

1. ① O ② X ③ O ④ O ⑤ O ⑥ X | 2. 좋은 일이 있다 | 3. 4번 | 4. 3번

PART 05 | 비, 구름, 해

PART 06 하늘

1	하늘에 닿다	132
2	하늘이 노랗다	136
3	하늘이 두 쪽 나도	140
4	하늘 높은 줄 모르다	144
5	하늘에 맡기다	148
6	하늘을 찌르다	152

01 하늘에 닿다

💡 생각 체크

1 이야기해 보세요 그림을 보고 그림에 대해서 이야기해 주세요.
- 친구들이 탑을 보고 있어요.
- 탑이 뾰족해요.
- 탑이 높아요.

2 생각해 보세요 이 그림은 어떤 상황일까요?
- 친구들은 무엇을 보고 있는 중인가요?
- 탑의 꼭대기는 어디에 닿아 있는 것 같나요?
- 아빠와 친구들이 놀란 이유는 무엇일까요?
- ✔ 위 그림에서 '**하늘에 닿을 것 같은**' 탑의 꼭대기에 동그라미 해보세요.

3 추측해 보세요 '**하늘에 닿다**'의 의미는 무엇일까요?

> '**하늘에 닿다**'라는 표현은 탑의 꼭대기가 하늘에 닿아있는 것처럼 마음이나 사랑이 무척 크거나 깊은 상황을 표현할 때 쓰는 말이에요.

내용 체크

이서
내 마음이 하늘에 닿을 때까지 기도했더니 내 기도를 들어주셨나 봐!

영웅
우리 엄마를 사랑하는 마음이 하늘에 닿을 정도야!

한결
고기가 먹고 싶은 마음이 하늘에 닿을 만큼 간절해!

❶ 경험 나누기   친구들의 경험 들어보기

- 이서는 언제까지 기도를 했나요?
- 영웅이가 엄마를 사랑하는 마음에 대해 표현한 말은 무엇인가요?
- 고기가 하늘에 닿을 만큼 먹고 싶다고 이야기 한 친구는 누구인가요?

의미 check   비슷한 의미 표현 알아보기

- **비슷한 말**: 간절하다

  예 - 간절하다: 간절하게 바랬더니 소원이 이루어졌어요

❷ 경험 나누기   내 경험 이야기하기

1. 하늘에 닿을 정도로 간절하게 바랐던 경험이 있나요? (예 / 아니오)
2. 그 바람은 무엇이었나요? 그 바람은 실제로 이루어졌나요?
3. ○○이가 하늘에 닿을 정도로 중요하게 생각하는 사람은 누구인가요?
4. 왜 그 사람을 하늘에 닿을 만큼 중요하게 생각하나요?

 **다시 체크**

1. 다음 문장을 보고 알맞은 것에는 O, 틀린 것에는 X 하세요.

   ① 내 친구는 하늘에 닿을 듯이 키가 작아요. (   )
   ② 우리 엄마는 나를 하늘에 닿을 정도로 사랑해 주세요. (   )
   ③ 내 기도가 하늘에 닿았는지 대회에서 상장을 받았어요. (   )
   ④ 나는 동생을 하늘에 닿을 만큼 예뻐해요. (   )
   ⑤ 영석이는 매일 밤 하늘에 닿을 정도로 기도했어요. (   )
   ⑥ 동생이 자꾸 하늘에 닿을 것처럼 바닥을 기어요. (   )

2. 다음 보기에서 '하늘에 닿다'와 비슷한 의미를 찾아 ○ 표시하세요.

   > **보기** 보고 싶다 / 간절하다 / 어질어질하다 / 만지작거리다

3. 다음을 보고 '하늘에 닿다'와 뜻이 다른 문장을 고르세요. (   )

   ① 재은이는 매일 아침 **간절하게** 기도한대.
   ② 눈앞에 무서운 새가 있어서 빨리 사라지게 해달라고 **소원**을 빌었어요.
   ③ 게임을 **매일 했더니** 지루해졌어요.
   ④ 나는 우리 언니를 **엄청 많이** 사랑해요.
   ⑤ 은하는 언니가 **잘 되기를** 바라고 있대.

4. 다음 보기를 보고 공통으로 들어갈 말을 찾아 골라보세요. (   )

   > **보기** 우리 삼촌은 (   ) 키가 커요
   > 내 동생은 (   ) 로봇을 좋아해요

   ① 눈에 불을 켜고   ② 화를 내면서   ③ 강 건너 불구경하듯   ④ 하늘에 닿을 것 같이

| 그림 이야기 | 1. 그림은 무슨 상황인 것 같나요?
2. 선호는 왜 친구를 위해 기도했을까요? 어떤 마음으로 기도했을까요?
3. 두 번째 그림에서 친구들이 반갑게 인사하는 이유는 무엇인가요?

| 경험 이야기 | 1. 나는 어떤 소원을 이루기 위해 열심히 기도를 하거나 바라본 경험이 있나요?
2. 내 기도가 이루어졌을 땐 어떤 기분이었나요?
3. 지금 간절히 이루어지기를 원하는 것이 있나요?

| 목표 check |
- 의미를 이해했나요?
- '하늘에 닿다'와 관련된 상황을 설명해 줄 수 있나요?

check check / 답안

1. ① X ② O ③ O ④ O ⑤ O ⑥ X | 2. 간절하다 | 3. 3번 | 4. 4번

02 하늘이 노랗다

💡 생각 체크

1 이야기해 보세요   그림을 보고 그림에 대해서 이야기해 주세요.

- 친구들이 롤러코스터를 타고 있어요.
- 친구들이 모두 즐거워해요.
- 세 번째 친구가 어지러워하는 것 같아요.

2 생각해 보세요   이 그림은 어떤 상황일까요?

- 롤러코스터를 타고 어지러운 것 같은 친구는 누구 인가요?
- 그 친구는 지금 앞이 어떻게 보일 것 같나요?
- ✓ 위 그림에서 '**하늘이 노랗게**' 보이는 친구에게 동그라미 해보세요.

3 추측해 보세요   '하늘이 노랗다'의 의미는 무엇일까요?

 '하늘이 노랗다'라는 표현은 지나친 과로나 슬픔, 걱정으로 큰 충격을 받아 정신이 아찔할 때 사용하는 말이에요.

내용 체크

종민
며칠 동안 잠을 자지 못했더니
하늘이 노랗게 보여

바다
어젯밤에 배가 너무 아파서
하늘이 노랗게 보였어

지연
내 시험 점수에 충격을 받아서
하늘이 노랗게 보였어

① 경험 나누기 — 친구들의 경험 들어보기

- 종민이가 하늘이 노랗게 보였던 이유는 무엇인가요?
- 바다는 배가 아프니까 하늘이 어떻게 보였다고 했나요?
- 충격을 받아서 하늘이 노랗게 보인 친구는 누구인가요?

의미 check — 비슷한 의미 표현 알아보기

- **비슷한 말:** 눈앞이 캄캄하다 / 마른하늘에 날벼락

예
- **눈앞이 캄캄하다:** 오랫동안 길을 걸을 생각을 하니 눈앞이 캄캄했어요
- **마른하늘에 날벼락:** 이게 웬 마른하늘에 날벼락이야! 그런 소식은 듣지 못했어!

② 경험 나누기 — 내 경험 이야기하기

1. 하늘이 노랗게 보였던 경험이 있었나요? (예 / 아니오)
2. 언제 하늘이 노랗게 보였었나요?
3. 하늘이 노랗게 보였을 때 나는 어떻게 했었나요?
4. 만약 내가 하늘이 노랗게 보일 정도로 피곤하다면 어떻게 하는 것이 좋은가요?

 다시 체크

1. 다음 문장을 보고 알맞은 것에는 O, 틀린 것에는 X 하세요.

   ① 며칠 동안 음식을 먹지 않았더니 하늘이 노랗게 보여. (   )
   ② 우리 집에 강아지가 있다니! 하늘이 노랗게 보일 정도로 기분이 좋아. (   )
   ③ 오랜 시간 동안 숨을 참았더니 하늘이 노랗게 보여. (   )
   ④ 친구의 안 좋은 소식을 들은 나는 하늘이 노랗게 보이기 시작했어요. (   )
   ⑤ 칭찬을 들은 재호는 하늘이 노랗게 보였어요. (   )
   ⑥ 내가 꼴등이라니 하늘이 노랗게 보이기 시작했어. (   )

2. 다음 보기에서 '하늘이 노랗다'와 비슷한 의미를 찾아 ○ 표시하세요.

   > **보기** 눈앞이 캄캄하다 / 하늘에 구멍이 나다 / 뜬구름 잡다 / 하늘이 두 쪽 나도

3. 다음을 보고 '하늘이 노랗다'와 뜻이 다른 문장을 고르세요. (   )

   ① 우리 할머니가 **기운이 많이 없어서** 걱정이야.
   ② 숟가락도 들기 어려울 정도로 **힘이 없어졌어**.
   ③ 운동장을 너무 열심히 달렸더니 **눈앞이 흐리게 보여**.
   ④ 무지개가 떴다는 소식을 듣고 **기분이 좋아졌어**.
   ⑤ 이게 무슨 소리야? 그 이야기는 나한테 **엄청 충격적이야!**

4. 다음 보기를 보고 공통으로 들어갈 말을 찾아 골라보세요. (   )

   > **보기** 이삿짐을 너무 열심히 옮겼더니 (   )
   > 더운 날에 오래 서있었더니 (   ) 걷기 힘들었어

   ① 하늘이 노랗게 보여   ② 화를 내면서   ③ 강 건너 불구경하듯   ④ 하늘에 닿을 것 같이

> **활용 체크**

그림 이야기
1. 여기는 어디인 것 같나요?
2. 친구들은 왜 화장실에 못 들어가고 있나요?
3. 친구가 힘들어 보이는 이유는 무엇 때문인 것 같나요?

경험 이야기
1. ○○이도 밖에서 화장실이 급했던 적이 있나요? 있다면 어떻게 해결했나요?
2. 공중 화장실에서 지켜야 할 규칙은 무엇이 있나요?
3. 다른 사람이 공중 화장실에서 규칙을 지키지 않았을 때는 기분이 어떨까요?

목표 check
- 의미를 이해했나요?
- '하늘이 노랗다'와 관련된 상황을 설명해 줄 수 있나요?

check check / 답안

1. ① O ② X ③ O ④ O ⑤ X ⑥ O | 2. 눈앞이 캄캄하다 | 3. 4번 | 4. 1번

03 하늘이 두 쪽 나도

💡 생각 체크

1 이야기해 보세요   그림을 보고 그림에 대해서 이야기해 주세요.
- 비가 내리고 있어요.
- 우산을 안 썼어요.
- 번개가 치고 있어요.

2 생각해 보세요   이 그림은 어떤 상황일까요?
- 친구는 어디에 가고 있는 중인 것 같나요?
- 친구는 왜 비가 와도 계속 올라가나요?
- ✔ 위 그림에서 '**하늘이 두 쪽 나도**' 산에 올라가는 친구에게 동그라미 해보세요.

3 추측해 보세요   '하늘이 두 쪽 나도'의 의미는 무엇일까요?

> '**하늘이 두 쪽 나도**'라는 표현은 큰 어려움이나 난관이 있는 모습을 보고 표현하는 말이에요.

내용 체크

성윤
우리 누나는 하늘이 두 쪽 나도 콘서트에 가야 한다고 이야기했어

나라
하늘이 두 쪽 나도록 연습했더니 피아노를 잘 칠 수 있게 되었어

용준
하늘이 두 쪽 날 만큼 문제가 너무 어려웠던 것 같아

❶ 경험 나누기 친구들의 경험 들어보기

- 성윤이의 누나는 하늘이 두 쪽이 나도 어디에 가야 한다고 했나요?
- 나라가 피아노를 잘 칠 수 있게 된 이유는 무엇인가요?
- 용준이는 왜 하늘이 두 쪽 난 것처럼 느껴졌나요?

의미 check 비슷한 의미 표현 알아보기

- **비슷한 말:** 하늘이 무너지더라도

  예 – **하늘이 무너지더라도:** 이 숙제는 하늘이 무너지더라도 꼭 해야 해

❷ 경험 나누기 내 경험 이야기하기

1. 나는 하늘이 두 쪽 날 만큼 힘들었던 경험이 있나요? (예 / 아니오)
2. 그 상황은 어떤 상황이었나요?
3. 그때 나의 감정은 어땠나요?
4. 하늘이 두 쪽 나도 꼭 하고 싶은 일이 ○○이에게 있나요? 그것은 무엇인가요?

다시 체크

1. 다음 문장을 보고 알맞은 것에는 O, 틀린 것에는 X 하세요.

① 하늘이 두 쪽 나도 오늘은 꼭 그림을 완성해야 해.　　　(　　)
② 하늘이 두 쪽 나도 나에게 그런 일은 일어나지 않을 거야!　　(　　)
③ 아빠가 자전거를 사 주신다니! 하늘이 두 쪽 날 만큼 기분이 좋아.　(　　)
④ 하늘이 두 쪽 난 퍼즐을 맞추었어.　　　(　　)
⑤ 내가 좋아하는 영화를 보게 되어 하늘이 두 쪽 난 것 같았어.　(　　)
⑥ 하늘이 두 쪽이 나도 핸드폰을 또 사줄 수는 없어!　　(　　)

2. 다음 보기에서 '하늘이 두 쪽 나도'와 비슷한 의미를 찾아 ○ 표시하세요.

> **보기**　눈앞이 캄캄하다 / 해가 뜨다 / 뜬구름 잡다 / 하늘이 무너지더라도

3. 다음을 보고 '하늘이 두 쪽 나도'와 뜻이 다른 문장을 고르세요. (　　)

① **숙제는 꼭 다 안 해도** 된대.
② **무슨 일이 있어도** 심부름은 해야만 해.
③ 지난봄에 사고 싶었던 원피스를 **오늘 꼭 살 거야**.
④ **반드시** 게임을 하고 말 거야!
⑤ **하늘이 무너지더라도** 밥은 먹고 다녀야 해.

4. 다음 보기를 보고 공통으로 들어갈 말을 찾아 골라보세요. (　　)

> **보기**　우리 언니는 (　　) 숙제를 꼭 해야 한다고 했어
> 　　　　(　　) 로봇 조립을 다 완성할 거야

① 하늘에 맡기면　② 하늘이 두 쪽 나도　③ 강 건너 불구경하듯　④ 하늘에 닿을 것 같이

활용 체크

그림 이야기
1. 친구는 지금 어디에 가고 있나요?
2. 친구는 학교에 어떻게 가고 있나요?
3. 친구가 목발을 짚고 있는 이유는 무엇일까요?
4. 하늘이 두 쪽 나도 친구가 학교에 가는 이유는 무엇일까요?

경험 이야기
1. 팔이나 다리를 다쳐본 경험이 있나요? 있다면 그때의 기분은 어땠었나요?
2. 학교에 꼭 가야 하는 이유가 있나요? 가지 않으면 어떻게 될까요?
3. 학교 말고 꼭 가고 싶은 장소가 있나요? 그곳에 가야 하는 이유는 무엇인가요?

목표 check
- 의미를 이해했나요?
- '하늘이 두 쪽 나도'와 관련된 상황을 설명해 줄 수 있나요?

Q&A check check / 답안

1. ① O ② O ③ X ④ X ⑤ X ⑥ O | 2. 하늘이 무너지더라도 | 3. 1번 | 4. 2번

04 하늘 높은 줄 모르다

 생각 체크

1 이야기해 보세요   그림을 보고 그림에 대해서 이야기해 주세요.
- 귀여운 강아지가 짖고 있어요.
- 사자가 강아지를 쳐다보고 있어요.
- 강아지가 무서워하지 않아요.

2 생각해 보세요   이 그림은 어떤 상황일까요?
- 강아지는 왜 사자를 보고 짖을까요?
- 계속 짖고 있는 강아지를 보며 사자는 어떻게 할 것 같나요?
- 사자의 표정은 어떤가요?
- ✔ 위 그림에서 '**하늘 높은 줄 모르는**' 동물에게 동그라미 해보세요.

3 추측해 보세요   '하늘 높은 줄 모르다'의 의미는 무엇일까요?

 '**하늘 높은 줄 모르다**'는 자기의 분수를 모르고 지나치게 행동하거나 물가가 매우 높게 뛰었을 때 쓰는 말이에요.

내용 체크

연진
하늘 높은 줄 모르고
까부는 동생 머리를 때렸어

경수
아빠는 주유소에서 기름을 넣으며
'기름값이 하늘 높은 줄 모르고
오르네'라고 이야기하셨어

도언
하늘 높은 줄 모르고
오르는 과일 값에
엄마는 깜짝 놀라셨어

① 경험 나누기 친구들의 경험 들어보기
- 연진이는 하늘 높은 줄 모르고 까부는 동생에게 어떻게 했나요?
- 경수의 아빠가 기름을 넣으며 뭐라고 말을 했나요?
- 도언이 엄마가 깜짝 놀란 이유는 무엇인가요?

의미 check 비슷한 의미 표현 알아보기
- **비슷한 말:** 건방지다 / 버릇없다
- **예**
  - **건방지다:** 동생은 어른들에게 건방지게 행동해서 매우 혼난 적이 있다
  - **버릇없다:** 할아버지한테 버릇없이 무슨 행동이야!

② 경험 나누기 내 경험 이야기하기
1. 하늘 높은 줄 모르고 비싸지거나 구하기 힘들어진 물건이 있나요? (예 / 아니오)
2. 그 물건은 무엇이었나요?
3. 비싸서 사지 못했을 때 나의 감정은 어땠나요?

다시 체크

1. 다음 문장을 보고 알맞은 것에는 O, 틀린 것에는 X 하세요.

① 마트에 물건값이 하늘 높은 줄 모르고 올라서 엄마가 슬퍼했어요. (   )
② 어린 동생은 하늘 높은 줄 모르고 아빠에게 팔씨름을 도전했어요. (   )
③ 하늘 높은 줄 모르는 언니는 어른들에게 항상 칭찬을 받았어요. (   )
④ 하늘 높은 줄 모르는 토끼는 무서운 사자를 놀려댔어요. (   )
⑤ 아빠는 하늘 높은 줄 모르고 치솟는 치킨 가격에 매우 놀랐어요. (   )
⑥ 선생님은 친구에게 '넌 하늘 높은 줄 모르는구나'라며 좋아해 주셨어요. (   )

2. 다음 보기에서 '하늘 높은 줄 모르다'와 같은 의미를 찾아 ○ 표시하세요.

> **보기** 하늘이 높다 / 가격이 낮아지다 / 가격이 높게 오르다 / 예의 바르다 / 매우 높다

3. 다음을 보고 '하늘 높은 줄 모르다'와 뜻이 다른 문장을 고르세요. (   )

① 내가 사고 싶었던 옷의 가격이 지난번보다 더 **비싸졌어요**.
② 매일 가던 가게의 장난감 가격이 엄청 **올랐어요**.
③ 나보다 **나이가 한참 많은** 형한테 장난치다가 혼났어요.
④ 거북이는 **아무것도 모르고** 토끼에게 달리기 시합을 도전했어요.
⑤ 엄마가 장난감을 **하늘 높이 올려두어서** 못 꺼냈어요.

4. 다음 보기를 보고 공통으로 들어갈 말을 찾아 골라보세요. (   )

> **보기** (   ) 동생은 게임을 잘하는 형에게 게임 내기를 걸었어요
> 아빠는 (   ) 할아버지를 무시하는 언니에게 따끔하게 혼내셨다
> 아이스크림의 값은 (   ) 올라서 두 개 사고 나니 돈이 부족했다

① 하늘 높은 줄 모르고   ② 하늘이 맑다   ③ 하늘이 높다   ④ 하늘에 올라가다

활용 체크

그림 이야기
1. 친구는 무엇을 사려고 하나요?
2. 사탕은 어디에서 살 수 있나요?
3. 엄마는 하늘 높은 줄 모르고 비싸진 사탕 가격을 보고 어땠나요?

경험 이야기
1. 내가 사고 싶은 물건 중 가격이 엄청 비쌌던 물건이 있나요?
2. 그 물건은 가격이 원래부터 비쌌나요?
3. ○○이는 그 물건이 비싸더라도 갖고 싶은가요?

목표 check
- 의미를 이해했나요?
- '하늘 높은 줄 모르다'와 관련된 상황을 설명해 줄 수 있나요?

check check / 답안

1. ① O ② O ③ X ④ O ⑤ O ⑥ X | 2. 가격이 높게 오르다 | 3. 5번 | 4. 1번

PART 06 | 하늘

05 하늘에 맡기다

생각 체크

1 이야기해 보세요   그림을 보고 그림에 대해서 이야기해 주세요.
- 엄마가 임신을 했어요.
- 친구가 기도를 해요.
- 엄마 뱃속에 아기가 여동생이었으면 해요.

2 생각해 보세요   이 그림은 어떤 상황일까요?
- 친구는 왜 여동생을 원할까요?
- 여동생이라면 어떤 색깔의 옷을 준비하면 좋을까요?
- ○○이는 어떤 동생이 있었으면 좋을 것 같나요?

3 추측해 보세요   '하늘에 맡기다'의 의미는 무엇일까요?

> '하늘에 맡기다'는 사람이 일의 결과를 운명에 맡긴다는 뜻이에요. 대부분 우리는 원하는 대로 되기를 바라며 긍정적인 생각으로 표현하기도 해요.

내용 체크

연주
"줄넘기 대회를 나갔는데 친구들이 모두 잘해서 상을 받을 수 있을지 모르겠어. **하늘에 맡겨야지**"

하연
할아버지께서 아프셔서 수술을하게 되었는데 할아버지의 건강은 **하늘에 맡겨야 해서** 기도를 열심히 할 거야

지찬
운동회에서 우리 팀은 '달리기' 종목에서 이길 수 있도록 **하늘에 맡기고** 간절히 원했어

❶ 경험 나누기 친구들의 경험 들어보기

- 연주가 하늘에 맡긴 일은 어떤 것인가요?
- 하연이가 기도를 열심히 하기로 한 이유는 무엇인가요?
- 지찬이의 팀이 하늘에 맡기고 간절히 원하는 것은 무엇인가요?

의미 check 비슷한 의미 표현 알아보기

- **비슷한 말:** 운명에 맡기다
- **예** - **운명에 맡기다:** 오늘 시험의 결과를 운명에 맡기기로 했어

❷ 경험 나누기 내 경험 이야기하기

1. 나는 '하늘에 맡기다'처럼 무엇을 간절히 원했던 적이 있나요? (예 / 아니오)
2. 어떤 일이었나요?
3. 그때 감정은 어땠나요?
4. 나는 원하는 일 또는 좋은 일이 일어나도록 어떤 노력을 했나요?

 **다시 체크**

1. 다음 문장을 보고 알맞은 것에는 O, 틀린 것에는 X 하세요.

   ① 오늘 시험은 끝났어. 결과는 하늘에 맡길 거야. (　　)
   ② 하늘에 맡긴 내 운명이 잘 되었으면 좋겠어요. (　　)
   ③ 하늘에 맡긴 내 장난감을 드디어 찾았어요. (　　)
   ④ 엄마 화장품을 깨뜨렸어요. 엄마한테 혼나지 않기를 하늘에 맡겨요. (　　)
   ⑤ 나는 짐이 너무 무거워서 하늘에 맡겼어요. (　　)
   ⑥ 오늘 날씨를 하늘에 맡기고 기분 좋은 마음으로 여행을 가보자. (　　)

2. 다음 보기에서 '하늘에 맡기다'와 같은 의미를 찾아 ○ 표시하세요.

   보기 자신이 있다 / 운명에 맡기다 / 스스로 정하다 / 생각을 말하다

3. 다음을 보고 '하늘에 맡기다'와 뜻이 다른 문장을 고르세요. (　　)

   ① **내가 직접 만든** 로봇이 대회에서 1등을 했어요.
   ② 시험 결과가 나올 때까지 **기도하며** 기다렸어요.
   ③ 뽑기에서 내가 원하는 장난감이 나오기를 **간절히 원했어요**.
   ④ 할머니의 수술이 잘 되기를 **운명에 맡겼어요**.
   ⑤ 아빠가 무사히 집으로 도착하기를 **바랐어요**.

4. 다음 보기를 보고 공통으로 들어갈 말을 찾아 골라보세요. (　　)

   보기 형은 시험을 보고 난 후 좋은 결과가 있기를 (　　)
   아픈 고양이가 건강히 낫기를 (　　)
   좋은 선물이 뽑히길 바라며 (　　)

   ① 하늘에서 떨어지다　② 하늘로 치솟다　③ 하늘에 구멍이나다　④ 하늘에 맡기다

활용 체크

그림 이야기
1. 이곳은 어디인가요? 그것을 어떻게 알았나요?
2. 친구들이 하늘에 맡기며 원하는 일은 무엇인가요?
3. 친구들은 왜 서로 같은 반이 되고 싶어 하나요?

경험 이야기
1. ○○이는 같은 반이 되고 싶은 친구가 있나요? 또는 좋아하는 친구와 같이 반이 된 적 있나요?
2. 그 친구의 어떤 점이 좋은가요?
3. 친한 친구와 같은 반이 되지 않는 다면 어떤 마음일 것 같나요?

목표 check
- 의미를 이해했나요?
- '**하늘에 맡기다**'와 관련된 상황을 설명해 줄 수 있나요?

Q&A check check / 답안

1. ① O ② O ③ X ④ O ⑤ X ⑥ O | 2. 운명에 맡기다 | 3. 1번 | 4. 4번

06 하늘을 찌르다

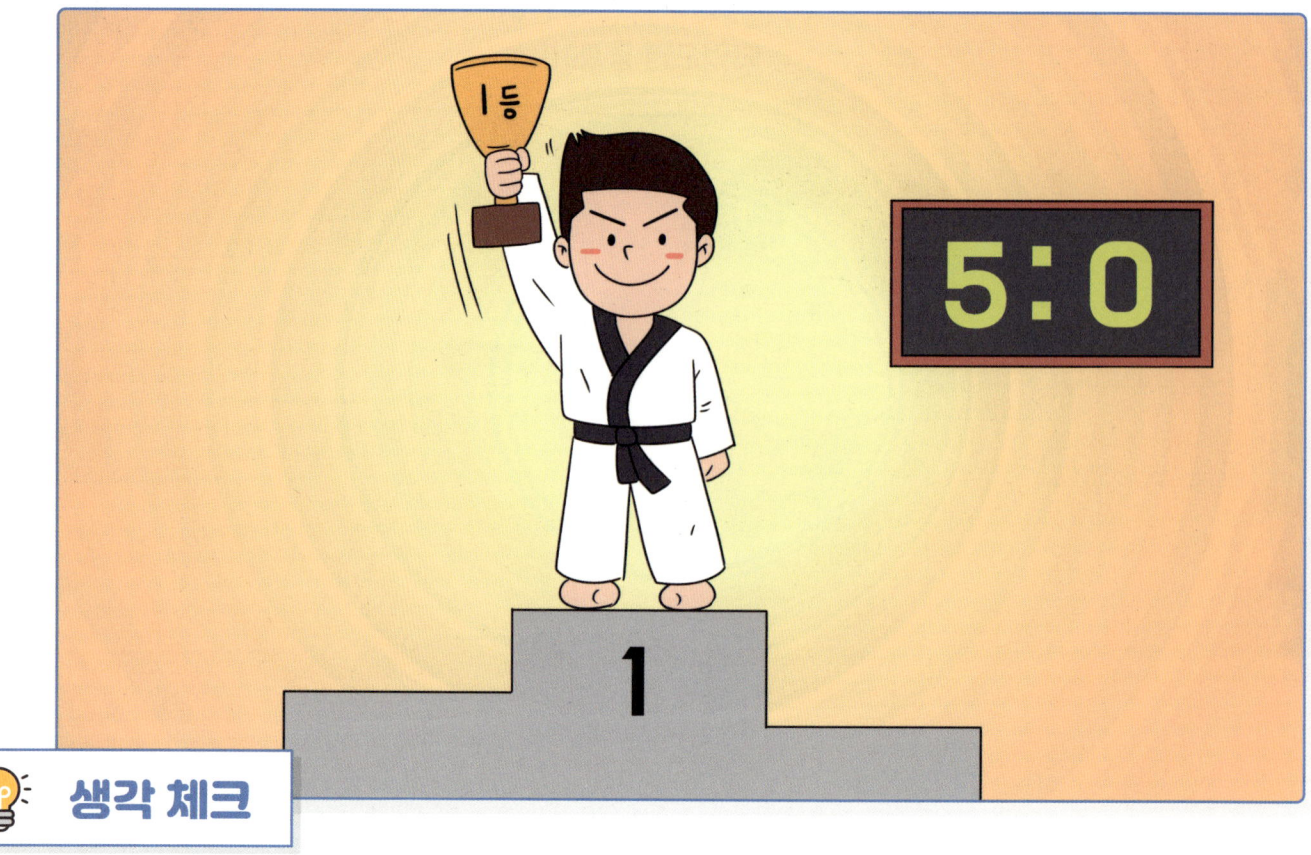

생각 체크

1 이야기해 보세요   그림을 보고 그림에 대해서 이야기해 주세요.

- 1등을 했어요.
- 태권도복을 입고 있어요 태권도 대회인가 봐요.
- 5:0으로 이겼어요.
- 손에 트로피를 들고 자신이 넘쳐요.

2 생각해 보세요   이 그림은 어떤 상황일까요?

- 1등을 했을 때 어떤 마음이 들었을까요?
- 1등을 하기 위해 친구는 어떤 노력을 했을까요?
- 친구는 트로피를 높이 들고 뭐라고 말하고 싶을까요?
- ✔ 위 그림에서 **'하늘을 찌르게'** 자신감 넘치는 얼굴에 동그라미 해보세요.

3 추측해 보세요   '하늘을 찌르다'의 의미는 무엇일까요?

> '하늘을 찌르다'는 '기세가 대단하거나 몹시 세차다'라는 뜻이에요.
> 친구들이 자신감이 넘치는 상황에서 많이 쓰여요.

내용 체크

다영
농장에 가서 황소를 보니 기운이 넘쳐 나는 게 **하늘을 찌를** 정도였어

희경
예쁜 친구의 **하늘을 찌르는** 듯한 인기가 너무 부럽다

혜연
아빠는 오빠와 팔씨름을 이기고 나서 기분이 **하늘을 찌를 듯이** 뿌듯해했어

❶ 경험 나누기 — 친구들의 경험 들어보기

- 다영이는 무엇을 보고 하늘을 찌를 정도로 기운이 넘쳤다고 했나요?
- 희경이는 하늘을 찌르는 듯한 무엇이 부럽다고 했나요?
- 혜연이의 아빠는 오빠를 이기고 어떤 기분이었나요?

의미 check — 비슷한 의미 표현 알아보기

- **비슷한 말:** 드세다 / 기운이 세다

  예
  - **드세다:** 그 사람은 키는 크고 몸은 말랐지만 고집이 아주 드세 보였다
  - **기운이 세다:** 운동을 열심히 하고 좋은 음식을 많이 먹어 기운이 세다

- **반대말:** 약하다

  예
  - **약하다:** 몸이 마르고 자주 아픈 사람은 건강이 매우 약하다

❷ 경험 나누기 — 내 경험 이야기하기

1. 나는 하늘을 찌르도록 자신감 넘쳤던 친구를 본 적이 있나요? (예 / 아니오)
2. 그 친구는 무엇 때문에 자신감이 넘쳤나요?
3. 내가 자신 있는 일들은 어떤 것들이 있나요?

 **다시 체크**

1. 다음 문장을 보고 알맞은 것에는 O, 틀린 것에는 X 하세요.

   ① 하늘을 찌를 듯한 너의 목소리는 정말 크다. (   )
   ② 수영 대회에서 상을 받은 친구는 기세가 하늘을 찌르는 듯했다. (   )
   ③ 게임을 하기 전에 친구의 하늘을 찌르는 듯한 자신감에 주눅이 들었다. (   )
   ④ 엄마의 잔소리에 나의 기분은 하늘을 찌르는 것 같았어요. (   )
   ⑤ 오늘 날씨는 하늘을 찌르듯이 어둡고 컴컴했다. (   )
   ⑥ 하늘을 찌를 듯한 눈빛으로 상대방을 쳐다봤다. (   )

2. 다음 보기에서 '하늘을 찌르다'와 같은 의미를 찾아 ○ 표시하세요.

   > **보기** 자신이 없다 / 억울하다 / 자신감이 넘치다 / 땅이꺼지게 / 분노하다

3. 다음을 보고 '하늘을 찌르다'와 뜻이 다른 문장을 고르세요. (   )

   ① 내가 준 선물을 열어보고 친구가 **땅을 치듯** 좋아했어요.
   ② 키가 크고 덩치가 큰 친구는 **기세가 아주 높았어요**.
   ③ 할아버지는 **자신감 넘치는** 모습으로 바둑을 두었어요.
   ④ 그 호랑이는 매우 **기운이 세 보였어요**.
   ⑤ 우리 엄마가 일하는 모습이 **당당해 보였어요**.

4. 다음 보기를 보고 공통으로 들어갈 말을 찾아 골라보세요. (   )

   > **보기** 형은 나를 이겼다며 자신감이 (   )
   > 팔씨름에서 1등 한 친구의 기세등등한 모습이 (   )
   > (   ) 듯이 잘난체하던 아빠는 우쭐한 모습이었다

   ① 하늘을 감싸다   ② 하늘을 찌르다   ③ 하늘이 무너지다   ④ 땅에 떨어지게

그림 이야기
1. 그림은 무슨 상황인가요?
2. 자신감이 하늘을 찌르며 날아가는 슈퍼맨은 어떤 마음일까요?
3. 넘어진 사람들은 날아간 슈퍼맨을 어떻게 생각 할까요?

경험 이야기
1. ○○이는 좋아하는 캐릭터 중에서 하늘을 찌를 듯한 힘을 가진 캐릭터는 누구인가요?
2. ○○이의 주변에 슈퍼맨처럼 용감한 친구들이 있나요?
3. '용감한' 행동에는 어떤 것들이 있을까요?

목표 check
- 의미를 이해했나요?
- '**하늘을 찌르다**'와 관련된 상황을 설명해 줄 수 있나요?

check check / 답안

1. ① O ② O ③ O ④ X ⑤ X ⑥ O | 2. 자신감이 넘치다 | 3. 1번 | 4. 2번

저자 소개

오혜미

이력
- 우송대학교 대학원 언어치료청각재활학과 언어청각재활학전공(석사)
- 우송대학교 언어치료학과(학사)
- 전 솔언어청각연구소 언어재활사
- 전 동아와우청각언어센터 언어재활사

현재
- 대전솔언어청각연구소장 / 언어재활사

신현화

이력
- 우송대학교 일반대학원 언어치료청각재활학과 언어청각재활학 전공(석사)
- 우송대학교 언어치료 청각재활학부 언어치료전공(학사)
- 전 마음위드 아동교육 상담센터 언어재활사
- 전 밝은마음 아동가족 상담센터 언어재활사

현재
- 솔언어청각연구소 부원장 / 언어재활사

장재진

이력
- 한림대학교 대학원 언어병리청각학과 언어병리학전공(박사과정)
- 우송대학교 대학원 언어치료청각재활학과 언어청각재활학 전공(석사)
- 서강대학교 국어국문학과(학사, 석사)
- 대구사이버대학교 언어치료학과, 특수교육학과(학사)
- 전 황혜경보청기 청각언어센터 언어재활사
- 전 코끼리아동청소년발달센터 언어재활사

현재
- 솔언어청각연구소장 / 언어재활사
- 우송대학교 언어치료청각재활학과 겸임교수